행복한 일등으로 키우는

10살 전

개정

꿀맛 교육

행복한 일등으로 키우는

10살 전 꿀맛교육

개정

최연숙 지음

21세기북스

교육정보에 목말라하는
부모님을 위한 오아시스

서울 광양고등학교교장 韓春熙

눅눅한 장맛비를 비집고 들어온 맑은 햇살 같은 소식을 접하고 설레고 기쁜 마음입니다.

고등학교 교육이 고등국민의 육성이라는 본래의 목적을 잃고 대학 입시를 위한 준비의 장으로 변한 지 오래되었습니다. 수능 비중을 최대로 낮추겠다던 당초 교육부의 발표와는 달리 내신과 수능의 비중을 두고 대학 측과의 마찰로 교사·학생·학부모들의 혼란은 2008학년도 입시생들의 또 다른 부담으로 다가왔습니다.

입시정책이 어떠하든 아랑곳 않고 공부 자체가 목적인 양 열심히 공부하던 여학생이 한 명 있어 우리나라 교육의 미래를 보는 듯 늘 든든했었습니다. 수업 시간에도 선생님의 눈길 한 번 놓치지 않아 선생님들이 귀여워하시고 모르는 문제가 있으면 교무실로 찾아와 선생

4

님들께 요것저것 물어보며 눈을 반짝반짝 빛내던 아이는 모든 선생님들의 희망이었습니다.

고등학교 3년 내내 사교육 한 번 받지 않고 방과 후면 친구들과 학교 도서실에서 밤늦게까지 공부하고 늘 밝은 얼굴로 학교 선생님들이 최고의 스승이라 믿으며 따르던 아이를 모든 선생님들은 수제자라 부르며 정성껏 지도해 주었습니다. 수능형·내신형을 따지며 대학입학이라는 목적을 향해 기회와 전략을 짜는 대부분의 아이와 달리 아혜 학생은 무엇이든 최선을 다했고 수능도 내신도 모두 전교 1등이었습니다. 그동안 신기하게만 생각했던 아혜의 모든 것이 저절로 이루어진 것이 아님을 이 글을 읽으며 알았습니다.

아혜 어머님이 일을 하시는 바쁜 분이라는 건 알고 있었지만 자녀 교육에 남다른 생각을 가지고 오랜 세월 실천한 분이라는 것을 이 책을 읽고 알게 되어 깊은 감명을 받았습니다.

특히 중·고등학생이 되어서 가질 교육열의를 앞당겨 어린 시절에 지도해주면 스스로 공부할 수 있는 아이로 자라게 한다는 의견에는 정말로 동감합니다. 시기를 놓친 아이들이 얼마나 많이 힘들어하는지 오랜 중·고등학교 교직 생활을 하면서 경험했기 때문입니다.

    스스로 공부하고 인성이 바른 아이로 키우고 싶어하는 모든 어머니들께 이 글을 꼭 읽으시도록 추천하고 싶습니다. 또한 최고의 선생님들을 학교에 모셔놓고도 사교육의 장으로 아이들을 보내고 있는 학부모님들께서 이 글을 읽고 공교육에 대한 신뢰를 회복할 수 있기를 바랍니다.

    공교육의 희망인 조아혜 학생이 이 사회가 꼭 필요로 하는 사람으로 잘 자라기를 바라며 아혜 어머니의 샘물 같은 이야기가 교육정보와 방법에 목말라하는 많은 학부모님들께 달콤한 오아시스가 될 것을 믿어 의심치 않습니다.

어린**자녀**를 키우는
부모님께

이 범(와이즈멘토 이사·EBS, 곰TV 강사)

사교육에 의존하지 않고도 좋은 성과를 거두는 것, 이것은 대한민국 학부모들의 한결같은 희망사항입니다.

제아무리 고급 학원에 보낸다 해도, 대부분의 학원이 결국 가장 효율적인 '주입식' 교육을 지향하는 현실에서 섣불리 학원에 보내면 아이의 학습방식을 의존적이고 강압적으로 만들 위험성이 큽니다. 그러나 애석하게도 이 같은 희망사항을 실현시킬 수 있는 구체적인 방법과 경험담은 주변에서 찾기가 너무나 어렵습니다.

그나마 중·고등학생을 위한 학습방법을 소개한 책은 많이 나와 있지만, 미취학 아동이나 초등학생들이 학원에 의존하지 않고 공부할 수 있도록 다양하고 재미있는 학습방법을 제시한 책은 여태까지 없었습니다.

7

이 책에는 '어떻게 하면 아이들이 학원에 의존하지 않고도 지적 활력을 유지하면서 공부하게 할 수 있을까'라는 대한민국 학부모들의 열망에 가장 정확하게 부응하는 내용이 들어 있습니다.

실제로 지은이가 아이들을 키워가면서 개발했던 여러 가지 학습 유인 방법은 매우 창의적이고 설득력이 있습니다.

'취학 전에는 놀면서 공부맛을 들여라', '열 살 전에 공부습관을 완성하라', '공부맛을 아는 아이는 사교육이 필요 없다'처럼 각 장의 제목만 봐서는 '과연 그럴 수 있을까' 하는 회의감이 들지만, 지은이의 생생한 체험담을 낱낱이 읽다 보면 자녀를 창의적이고 자기주도적인 학습능력을 갖춘 아이로 키울 수 있겠다는 자신감이 생깁니다.

어린 자녀를 둔 대한민국의 모든 학부모에게 이 책을 권합니다.

교육전문가로서 권하는 것이 아닙니다. 지은이가 과거에 겪었던 것과 똑같은 여러 가지 고민을 헤쳐 나가고 있는, 여섯 살과 네 살 난 아이를 둔 부모로서 권하는 것입니다.

청출어람을 꿈꾸며

'엄마는 꿀맛선생님'이 중국으로 수출되어 중국어판으로 나왔습니다. 책의 출간과 함께 중국도서관 문인협회의 초청으로 항주 도서관에서 저자 싸인회 및 출판기념식도 예정되어 있습니다. 때마침 불어온 한류열풍과 중국의 치솟는 교육열에 힘입어 한중문화 교류의 장으로 열리게 되는 이 행사를 위해서는 이재령 항주 코트라 관장님의 적극적 지원이 있었습니다. 우리나라의 저자로 항주도서관에서의 출판기념식은 처음이라 하니 개인적으로나 국가적으로 여간 큰 행운이 아닐 수 없습니다.

결코 우리나라에 뒤지지 않는 교육열을 가진 중국에서 전 세계의 많은 육아서 중 제 책을 선택했다는 것에 자부심도 느꼈고 다시 한 번 꿀맛교육에 대해 생각해보는 계기도 되었습니다. 거창한 공부법이라 내세우는 책들도 많을 텐데 엄마와의 유대감을 바탕으로 어린 시기의 교육을 바로 잡아주기만 하면 누구나 사교육 없이도 우등생으로 키울 수 있다는 꿀맛교육법을 선택한 그들의 혜안에 반갑고 감사한 마음이 들었습니다.

지난 7년간 저에게 '꿀맛선생님'이라는 별명을 안겨준 꿀맛교육 시리즈 3권을 쓰고 많은 일들이 있었습니다.

9

저에게는 제 오랜 꿈이었던 부모교육 강사가 되어 전국을 다니며 강의를 하는 기회를 열어 주었고 많은 엄마들에게는 어떠한 환경에 놓여있더라도 누구나 엄마의 정성과 사랑만 있으면 행복한 꿀맛교육법을 통해 사교육 없이도 인성이 바른 우등생으로 키울 수 있다는 희망을 주었습니다.

어떻게 아이를 키워야 할 지 방법을 몰라 힘들어하는 많은 엄마들이 꿀맛교육 책에 실린 방법들을 따라하며 즐겁고 행복하게 아이들을 키우고 있다고 감사 메세지를 보내왔습니다.

그럴 때마다 새삼 어깨가 무거워지며 뿌듯한 마음이 들었습니다.

아이에게 동요를 불러주며 재미있게 한글을 공부하고 일기장에 정성껏 댓글을 달아주며 어렵지 않게 논술교육, 인성교육을 하고 있다는 엄마들의 이야기를 들으며 보람과 함께 먼저 길을 낸 사람으로서 누구나 안전하게 걸어갈 수 있는 길이 되게 해야 한다는 의무감도 느꼈습니다.

이제 해외로까지 진출한 꿀맛교육법을 국내에 보다 체계적이고 적극적으로 전파하고자 낡은 집 수리 하듯 다듬어 다시 새롭게 단장하려 마음먹습니다.

먼저 꿀맛교육 책 시리즈의 원조이고 제게는 첫 아이 같은 〈10살 전 꿀맛교육〉 책부터 표지와 디자인 수정작업을 하려 합니다.

　이 책에는 아이를 키우는 엄마로 느꼈던 제 행복한 마음과 즐거운 놀이 같기만 했던 세 아이와의 교육 이야기 7식구의 가족 이야기가 진솔하게 들어있어 누구나 이 책을 육아의 기본서로 삼고 실천하면 행복한 육신를 할 수 있을 거라는 확신이 들기 때문입니다.

　꿀맛교육법에 필요한 자격과 조건은 아무 것도 없습니다. 아이를 바르게 키우겠다는 사랑과 의지가 있는 엄마라면 누구나 실천할 수 있습니다. 학식이 많지 않은 제 어머니가 저에게 적용한 꿀맛교육법 이야기와 일로 바쁜 엄마였던 제가 아이들에게 적용했던 교육법을 예시로 들고 나면 모든 엄마들이 얼마든지행복한 교육을 할 수 있음을 인정하고 수긍합니다. 또한 꿀맛교육은 저와 제 엄마만이 실천한 방법이 아니라 그 교육법을 따르려는 많은 엄마들이 현재 행복한 육아를 하는 지침서로 활용하고 있고 그 결과 또한 성공적임을 인정하고 있어 충분히 근거가 있는 방법이라고 확실히 말할 수 있습니다.

　그동안 시간이 많이 흘렀고 세 아이도 훌쩍 자랐습니다.

　7년 전 꿀맛교육을 쓸 당시 대학 신입생이었던 딸은 이제 어엿한 직장인이 되었고 책 속에서 공부하기 싫어하는 개구쟁이 악동으로 등장하던 아들은 꿀맛 교육 덕에 명문대 생이 되었고 초등 신입생이던 막둥이 귀공이는 어느 덧 중학생이 되었습니다.

꿀맛교육의 주인공이었던 큰 딸은 대학 내내 우수한 성적의 장학생으로 다녔고 졸업과 함께 원하는 직장에 취직을 했으며 초등 6년을 줄기차게 엄마의 강요(?)로 일기를 썼던 아들은 탁월한 논술실력에 힘입어 본인이 원하는 명문대학에 진학하였습니다.

책을 다시 다듬으며 그 때의 시점에서 현재의 시점으로 다시 옮겨 적는 작업을 하려다가 원문을 그대로 두기로 결정했습니다. 자칫 현재시점으로 바꾸려는 작업을 하다가 그 글을 쓸 당시에 가졌던 섬세한 감정과 느낌을 잘못 옮길 수 있을 것이 염려되었기 때문입니다. 글을 쓰는 순간에 가졌던 진실함은 그 순간에 가장 잘 표현될 수 있으므로 글을 쓰던 당시의 마음을 그대로 담는 것이 좋겠다고 생각해서입니다. 글을 쓰는 사람과 독자 사이에 교감이 일어나려면 글 속에서 작가의 마음을 읽어낼 수 있어야 하는데 단어하나의 수정으로도 그 느낌은 저해될 수가 있으니까요. 아이를 낳아 20년을 키우며 엄마로서 가졌던 행복한 기억들을 모아 낸 책이므로 그 감동을 그대로 전하기 위해 그 글을 쓰던 순간의 시점에 머물러 있으려 합니다. 나에게는 걸어온 과거지만 갓 태어난 아이를 가진 엄마에겐 미래의 참고자료가 될 것이고 지금 어린 자녀를 키우고 있는 많은 후배엄마들에게는 현재의 이야기가 될 것이어서 개정판을 낸다하여 수정을 할 필

요가 없다 여겨졌기 때문입니다.

물론 누구에게나 똑같이 적용되는 완벽한 교육법은 세상에 없을 것입니다. 여건과 환경이 다르므로 자기에게 필요한 정보는 취하고 응용하는 지혜가 필요하겠지요. 강조해 말씀드리고 싶은 것은 아이들의 교육이란 시기를 놓치면 더 힘들어지므로 가능하면 시행착오를 덜 겪을 수 있게 선배들의 경험담을 참고하라는 것입니다. 꿀맛 교육 책에 열거되어 있는 놀이 속에 숨겨진 공부법을 찾아 읽으며 자신의 아이에게 적용해볼만한 것들을 골라 실천해보시기를 권합니다.

새로 다듬어지는 책의 탄생과 함께 계획하고 있는 것이 있습니다. 부모의 경제수준, 교육수준이 뒷받침 되지 않으면 아이를 잘 키우기 어렵다는 말은 결코 정답은 아니라고 말해주고 싶습니다. 엄마의 사랑과 의지만 있으면 누구나 사교육 없이도 자녀를 반듯한 모범생으로 키울 수 있습니다. 강의장에 가서 엄마들을 만나는 것에도 보다 적극적일 생각입니다.

해외로까지 진출한 꿀맛교육의 선구자로서 사명감과 책임감을 가지고 아이를 바르게 키우겠다는 의지를 가진 엄마들이 있는 곳은 전국 어디든지 찾아가 만날 생각입니다. 그리하여 세상에서 가장 쉽고 달콤한 꿀맛교육법을 알려주고 누구나 행복한 교육을 할 수 있다는 희망의 메세지를 전할 생각입니다.

　사람의 삶에 변화를 줄 수 있는 것은 결코 오랜 기간의 훈련이나 거창한 이벤트가 아니라 책 한 권, 마음이 열리는 강의 한 꼭지가 될 수도 있음을 경험으로 확신합니다. 어느 날 책에서 만난 글 한 줄이 제 마음 속에 선명하게 새겨져 경구가 되고 좌우명이 되기도 했으며 운명처럼 제게 나타나 제 삶의 방향을 결정하는데 영향을 끼친 소중한 사람들도 있습니다. 내가 그러했듯이 나 또한 누군가의 삶에 선한 영향력을 끼치는 사람이 되고 싶습니다. 내 강의를 들은 엄마들에게 좋은 엄마가 되는 계기를 마련해주고 막연하던 자녀교육의 방향을 잡을 수 있는 힘이 되어준다면 그보다 큰 보람은 없을 것입니다.

　개정판을 내고 꿀맛강사로서의 길을 책임감을 갖고 가야겠다는 생각을 하게 해준 가장 중요한 힘은 나도 모르는 새 묵묵히 그 길을 걸어가고 있는 사람들을 볼 때일 것입니다. 많은 엄마들이 있지만 유독 저에게 감동을 준 한 아이 엄마가 있습니다. 강의장에서 만나 인연이 된 아이의 엄마는 2년 전 첫 딸이 초등학교 입학하자 일 년 동안 정성껏 일기를 써서 보내왔습니다. 나는 내가 아는 제본소에 특별히 부탁해 '도토리의 꿈'이라는 예쁜 제목의 일기책을 만들어 주었습니다. 지난 해 아이는 2학년이 되었고 역시 일 년 동안 하루도 빠짐없이

쓴 일기장을 며칠 전 보내왔습니다. 깨알 같은 올망졸망한 글씨로 하루도 빠짐없이 일기를 적은 아이와 가지런하고 단정한 글씨로 매일매일 아이의 일기장 아래에 댓글을 달아준 엄마를 훔쳐보며 나는 가슴이 떨렸습니다. 일기장 아래 그 날 일어난 일의 사진까지 붙여가며 모녀가 정성껏 쓴 일기는 나와 내 아이가 쓴 일기보다 훨씬 훌륭했습니다. 그야말로 완벽한 청출어람이었어요. 이번엔 엄마가 제목을 정해왔습니다. 모녀처럼 예쁜 이름인 '구슬다발 참나무'였어요.

제 강의 한 번과 책 한 권을 접하였지만 그걸 기본으로 저마다의 창의력을 더하여 저보다 훨씬 멋진 교육을 해내고 있는 분이 많아 놀라고 가슴 뿌듯한 순간이 너무나 많습니다. 대한민국의 후배 엄마들이 모두 다정하고 행복한 꿀맛엄마가 되어 청출어람의 멋진 교육을 해낼 수 있도록 힘닿는 데까지 역할하고 싶습니다. 엄마의 사랑과 정성의 땀방울이 구슬다발처럼 영글어 세상의 모든 도토리들을 아름드리 참나무로 키워낼 수 있기를 바랍니다.

최연숙

4장
공부맛을 아는 아이는 사교육이 필요 없다

5장 지성·감성·인성 삼박자를 갖춘 아이

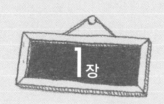

1장

엄마의 지혜가
아이의 천재성을 깨운다

열 살 전 **습관**이
아이의 **평생**을 **좌우**한다

나는 강원도의 작은 어촌에서 자랐다. 하지만 그곳이 고향은 아니었다. 내가 여섯 살 때 새로운 일을 찾아 고향을 떠난 아버지를 따라 낯선 고장인 강원도로 이사했다. 앞마당처럼 펼쳐져 있던 깊고 푸른 동해는 고등학교를 졸업할 때까지 약 13년의 세월을 함께한 마음의 고향으로 내 정서의 근간이 되었다.

어머니는 조용하고 여성스러운 전형적인 현모양처이셨다. 하지만 겉모습과 달리 내적으로는 무척 강한 분이셨다. 주위를 살피는 따뜻한 마음씨를 갖고 계셨고, 힘든 일을 겪으서도 늘 밝은 모습이었다.

어머니는 현명하셨지만 많이 배운 분은 아니었다. 그러나 형편이

넉넉하지 않고 교육열조차 높지 않은 바닷가 마을에서는 드물게 어머니의 교육열은 대단했다. 초등학교에 들어가기 전부터 어머니는 나에게 기초교육을 시키셨다. 우리 반에서 신문을 읽을 줄 아는 몇 안 되는 아이였던 것도 어머니의 가르침 덕분이었다.

어머니는 늘 새벽에 나를 깨워 받아쓰기며 산수 문제를 내주시고 가르쳐주셨다. 어머니의 가르침은 내가 3학년이 될 때까지 계속되었다. 4학년이 되면서 어머니는 나에게 이제는 혼자서도 할 수 있으니 스스로 알아서 공부하라고 말씀하셨다. 나는 어머니의 가르침 덕분에 지키고 있던 1등자리를 어머니가 내게서 손을 뗀 후에도 계속 지켜야 한다고 생각하는 아이가 되어 있었다.

초등학교를 졸업하고 중·고등학생이 되어서도 나는 어머니에게 공부하라는 말을 들어본 기억이 없다. 어머니는 나를 스스로 알아서 공부하고 자기 일은 자기가 챙길 줄 아는 아이로 길러 놓으셨다. 훗날 피그말리온이라는 교육심리학 용어를 접하고 나서 나에게 자신감을 길러주시려고 초등학교 3학년까지 알뜰히 보살펴주신 어머니의 훌륭하신 가르침을 이해하고 진심으로 감사하다는 마음이 들었다.

사교육 기관이 흔하지 않은 시골동네이기도 했지만 어머니의 기초교육 덕분에 나는 학교교육만으로도 공부가 부족하다고 조금도 느끼지 않았다. 어려운 문제에 부딪히면 학교 선생님들께 여쭈어 해결했고 혼자 책을 보며 이해했다.

중학교를 우수한 성적으로 졸업하고 읍내 고등학교에 수석으로 입학했다. 수석합격자라는 발표를 듣고 숨이 턱에 차게 집으로 달려갔던 걸 기억한다. 내 모든 기쁨의 주인은 어머니라고 생각했다. 왜 열심히 공부하느냐고 물으면 나는 "우리 엄마를 기쁘게 해드리려고요"라고 대답했을 정도이니까.

나는 사교육 없이 전교 1등에 우리 학교에서 가장 좋은 학력고사 성적을 올려 내가 가고 싶어했던 고려대학교에 입학했다. 항상 나를 믿는다고 말씀하신 어머니 덕분에 어떤 일을 해도 자신이 있었고 힘든 일에 부딪혀도 어머니만 생각하면 힘이 났다.

생각해보면 어머니는 나에게 여러 가지를 유산으로 주셨다. 무엇보다 평생 재산인 건강을 주셨다. 아버지가 지병으로 고생하신 까닭에 건강을 세상에서 가장 중요하게 여긴 어머니는 가족의 건강관리에 최선을 다하셨다. 어머니는 건강에 좋은 온갖 음식을 손수 만들어 먹이셨는데 어렸을 때 어머니가 신경 써주신 덕분에 나와 동생들은 지금도 또래보다 건강하다.

어머니는 어려움이 닥쳐도 늘 흔들림 없이 밝고 긍정적인 생각을 하며 헤쳐나가셨다. 고향을 떠나 사업을 하신 아버지가 사업에 실패할 때도 어머니는 늘 꿋꿋이 아버지를 격려하고 용기를 주시는 든든한 내조자이셨다. 어머니를 닮아서인지 나 역시 평소에는 생각 없이 덜렁거려도 어려운 일이 생기면 냉정하고 침착해지며 크게 당황하지 않고 상황에 대처할 줄 아는 편이다.

어머니는 나에게 자식을 바르게 키우는 가장 쉬운 방법을 알려주셨다. 아직 휘어지지 않은 어린 나무일 때 어머니의 정성과 사랑을 더하여 바로잡아주기만 하면 그다음은 스스로 성장한다는 것이다. 자녀를 바로 키우려고 노력하는 어머니의 마음을 느끼게 해주면 아이는 어머니를 좋아하게 되어 비뚤게 자랄 수 없다는 것이다. 부모를 사랑하는 자녀는 부모의 뜻을 거역하지 않으며 부모가 원하는 대로 살아가려고 노력하게 된다. 부모의 뜻이란 바로 열심히 공부하고 바르게 살아가는 것임을 알기 때문이다.

어머니의 가르침대로 나도 내 아이들을 기초학습 이상은 가르치지 않았고 나머지는 아이들이 스스로 하게 했다. 다만 기초학습 과정은 어느 것이나 함께하고자 했으며 엄마의 정성과 사랑을 보여주려 노력했다. 그리고 누구보다 다정한 엄마이고자 했다. 딸은 즐거운 일이 생기면 엄마가 가장 먼저 생각난다고 했다. 또 엄마가 기뻐하는 일을 하고 싶다고 했다.

어머니는 또 아주 중요한 유산인 가난을 슬기롭게 극복하는 방법을 알려주셨다. 똑같은 재료를 가지고도 요리사의 능력에 따라 전혀 다른 맛이 나는 음식이 만들어지듯 사람도 똑같은 환경에서 자라지만 전혀 다른 사람이 될 수 있다. 어려움에 굴복하는 사람과 극복하는 사람의 차이일 것이다. 결코 풍요롭지는 않은 어린 시절을 보냈지만 늘 밝은 얼굴로 대하며 꿈을 심어주고 사랑으로 길러주신 어머니가 계셨기에 나는 어려움을 극복하는 강한 의지와 지혜를 배울 수 있었다.

　주변을 살펴보면 갖가지 이름을 붙인 유아 교육법이 자기 아이만은 특별하게 키워보고자 하는 엄마들을 유혹한다. 목도 가누지 못하는 유아도 엄마의 넘치는 교육열로 방문교사의 요란한 가르침을 받는 세상이다. 아이들에게는 낭랑한 목소리가 아니어도 자식사랑이 가득 배어 있는 엄마 목소리가 최고의 소리다. 교육이라는 중요한 자리에는 학교교사도 아니고 학원강사도 아닌 엄마가 우선 자리해야 함을 나는 체험으로 알게 되었다.

　엄마가 되었을 때 나는 나를 열심히 길러주신 어머니를 생각하며 교육 방향을 잡았다. 인스턴트 교육은 배제하고 엄마의 사랑과 정성이 가득 담긴 나만의 방법으로 기를 것, 아이들과 늘 친한 관계를 유지할 것 등이 그것이다. 엄마가 되어 자식을 키우는 행위는 엄마의 큰 사랑을 받아 잘 자란 내가 그 보답으로 다음 세대를 건강하게 길러내야 하는 신성한 대물림 의식이기도 하다.

시스템을 만들어 놓으면
교육은 저절로 된다

아이 기르기는 아이가 자라 제 스스로 뭔가를 할 줄 알게 되면서 조금씩 수월해진다. 쌍둥이보다 힘들다는 연년생 두 아이를 기르면서 조금씩 그 중요한 이론을 깨치게 되었다. 옷 입는 순서를 알게 된 아이는 혼자 옷장을 뒤져 옷을 입을 줄 알았고, 외출하자면 벌써 신발을 신고 저만치 앞에 서 있었다.

학습도 마찬가지다. 반복된 절차를 눈어림으로 파악해 옷 입는 순서를 아이가 스스로 익히듯이 순서와 방법만 가르쳐주면 아이 스스로 공부하게 키울 수 있다.

아이들이 어렸을 때부터 일을 가졌던 나는 직장일과 아이 교육을 병행하기 위해 나름대로 시스템을 연구하였다.

첫아이가 학교에 들어갔을 때 나는 아이가 여덟 가지 과제를 매일 하도록 시스템을 만들었다. 아침에 아이에게 학습 과제를 내주고 밤마다 확인해 스티커를 붙여주는 것이었다. 여기서 내가 가장 강조한 과제는 물론 일기쓰기였다.

아이는 입학한 해 1월 1일부터 일기를 쓰기 시작해서 졸업하는 해 12월 31일까지 6년을 단 하루도 빠짐없이 줄기차게 썼다. 아이는 여행 가거나 친척집 방문 등으로 집을 떠나는 날에는 먼저 일기와 읽을 책을 스스로 챙겼다.

다음으로 강조한 건 독서였다. 이 또한 매일 읽어야 했고 읽은 후 그 제목을 독서공책에 적게 했다. 그렇지만 독후감을 강요하지는 않았다. 독후감을 써야 하는 의무가 자칫 책 읽기를 부담스럽게 만들지도 모른다는 생각이 들었기 때문이다. 초등학교 3학년이 될 때까지 아이는 자기가 읽은 책의 제목만 열심히 적었다.

가장 강조했던 일기와 독서 이외에 수학, 영어, 한자쓰기, 백과사전 읽기, 어린이 신문 읽기, 종합학습지 풀기를 과제로 주었다. 엄마가 일하러 나간 사이 아이가 이 여덟 가지를 다 마쳐놓으면 저녁에 돌아와서 스티커를 한 장씩 탁상용 달력에 붙여주었다.

이렇게 해서 한 달이 되면 상장을 주었다. 지금처럼 컴퓨터가 흔했다면 상장을 근사하게 만들어주었겠지만 그렇지 못하니 손으로 대강 만들었는데도 아이는 상받는 걸 매우 좋아했다.

상장의 내용은 이랬다.

위 어린이는 1995년 1월 매일학습을 열심히 하여 그 성실성과 책임감이 높이 인정되므로 이에 상장과 부상을 수여합니다.

자율학습 추진위원회 위원장 ○ ○ ○

이 일을 추진한 사람은 나였는데 돈 벌어오는 가장이라 인심 쓰고 남편을 위원장이라 했더니 상주는 날 남편은 위원장으로서 무게를 잔뜩 잡고 나를 향해 소리쳤다.

"헤이~ 카메라맨. 잘 찍어."

카메라로 수상(?)장면을 찍고 부상으로 학용품을 준 뒤 한껏 축하하며 아이의 성실성을 칭찬해주었다. 나무를 심고 나무가 뿌리를 잘 내릴 수 있게 버팀목 같은 역할을 해준 이 놀이(?)는 12년 학창시절 내내 아이가 아무런 간섭 없이 자신에게 필요한 것을 꾸준히 할 수 있는 힘이 되었다.

아무리 좋은 방법도 시대와 아이에 맞게 수정하고 보완해야 한다. 막내 귀공이가 입학하면서 엄마에게 부여받은 시스템 작업 1번은 새벽에 일어나기였다. 엄마는 제2의 천성이라고 하는 습관을 아이에게 선물해줄 수 있는 유일한 사람이다. 내가 다시 아이를 키운다면 꼭 선물해야겠다고 생각한 것이 아침에 일찍 일어나 자신의 하루를 힘차게 열어가는 습관이다.

전날 일찍 잠자리에 들었다 해도 아이가 아침 6시에 알람소리를 듣고 일어난다는 것은 결코 쉬운 일이 아니다. 일어나서 세수하고 간단히 영어와 수학 과목을 공부한다. 밤늦은 시간까지 엄마를 다른 사람들에게 빼앗겨 얼굴도 보지 못하고 잠이 든 아이가 아무런 방해도 받지 않고 엄마를 온전히 차지할 수 있는 시간이 되겠다 싶어 생각해 낸 아이디어인데 귀공이는 무척 즐거워하며 잘 따라한다. 밤에 늦게 잠들고 아침에 일어나기 힘들어하던 가족이 귀공이 덕에 일어나는 시간이 점점 빨라져 이제는 이른 아침부터 활기차게 하루를 시작하는 가족이 되어가고 있다.

아침에 기상시간 잘 지키고 아주 기본적인 학습량, 즉 결코 빠뜨릴 수 없는 일기쓰기, 책읽기, 수학공부, 영어공부만 매일 조금씩 하면 귀공이 달력에는 하루를 열심히 보낸 칭찬 스티커가 붙는다.

3월 마지막 날 귀공이의 달력에 나타난 성실성은 100%다. 하루도 빠짐없이 6시에 일어났고 일기를 쓰고 책을 읽었다. 귀공이는 위원장인 아빠에게 새나라의 어린이상을 받았다.

1번 시스템인 '일찍 일어나기'가 체득되고 나서 4월부터 귀공이는 2번 시스템을 시작했다. 방과 후에 도서관에 들러 책을 읽고 두 권 빌려와 집에서 읽고 다음날 갖다주는 일이다. 집에 언니, 오빠가 읽던

책이 적지 않으니 막내를 위해 따로 책을 사줄 필요도 없고 또 도서관을 다니며 꿈을 키우는 예쁜 어린이로 자라게 하고 싶어서였다. 학기 초에 나는 학교 도서관 명예교사로 자원봉사를 하겠다고 나섰는데 이 일 또한 귀공이가 책과 도서관을 친근하게 여기는 데 도움이 되고 있다. 귀공이는 도서관에서 엄마 만나는 것을 정말 좋아하기 때문이다.

직장에 다니는 바쁜 엄마가 아이를 쉽게 키우는 가장 좋은 방법은 이렇게 시스템을 만들어놓는 것이다. 시스템에 적응하는 방법을 알려주고 아이 스스로 할 수 있도록 해주면 엄마는 그냥 점검만 하면 되니 바쁜 엄마에게는 최상의 방법이 될 수 있다. 해야 할 일을 서로 구체적으로 인지하고 있지 않으면 함께 있는 시간이 적은 엄마는 아이를 제대로 챙기지 못한다고 자책하며 사표를 던지기 일쑤다. 뭔가 해줘야 하는데 늘 부족한 것처럼 느끼기 때문이다.

아이와 함께할 시간이 많은 전업주부가 아이를 잘 키운다고 단언할 수는 없다. 자립심 있는 아이로 키우는 데는 엄마가 직장에 다니는 것이 오히려 도움이 될 수도 있다.

이 경우 중요한 건 엄마의 마음가짐이다. 엄마가 일을 하니까 아이에게 소홀해도 된다고 정당화할 수는 없다는 것을 명심해야 한다. 아주 짧게라도 하루 중 한 부분은 아이에게 할애하려는 적극적인 마음가짐이 필요하다.

아이 일에 세세히 관여하며 이끌려고 노력할 필요는 없다. 큰 줄기만 잡아주고 나머지는 스스로 알아서 하도록 여백을 주는 것이 좋다. 예를 들어 수학을 몇 장 풀어야 한다는 식으로 규정해놓으면 힘들어진다. 바쁜 날에는 한두 문제만 풀어도 되고 시간이 되면 여러 장을 풀어볼 수도 있게 유연성이 있어야 한다. 지나친 구속이나 간섭은 아이를 수동적으로 만든다. 또 스스로 채워가는 여백이 적으면 창의력이 생길 여지가 없다.

새로운 좋은 습관이 아이 몸에 천성처럼 체득될 때까지는 힘든 과정이 있었다. 무엇이든 작심삼일로 끝나지 않게 하려면 추진력 있게 밀고 나갈 힘이 있는 누군가가 일정기간 곁에 있어야 한다. 아이 곁에서 3일마다 다시 작심해서 6일이 되고 9일이 되게 밀고 나가 비로소 습관이 되게 해줄 사람은 엄마밖에 없다.

엄마를 좋아해야
공부도 잘한다

아이들이 초등학교에 다닐 때 학교에서 돌아와서는 늘 이렇게 외쳤다.

"엄마! 오늘은 기쁜 일 두 가지! 나쁜 일 한 가지!"

누가 시키지도 않았는데 딸이 어쩌다 시작해서 습관이 된 활기찬 보고는 즐거운 편지처럼 늘 나를 설레게 했다.

나는 나쁜 일부터 차례차례 말하라고 설레서 재촉했다. 그러면 아이는 인상을 찡그리면서 말했다.

"오늘 아이들이 떠들어서 우리 반 모두 오리걸음으로 운동장을 돌았어요. 아이고, 아직도 다리가 아프네. 이게 나쁜 일이야."

그러고는 금세 밝은 표정으로 바뀌며 명랑하게 말했다.

"음, 그리고 말예요. 오늘 일기 잘 썼다고 선생님께서 친구들 앞에서 내 일기를 큰 소리로 읽어주셨고 또 영어 듣기 시험에서 1등 했어요, 호호. 이렇게 즐거운 일 두 가지!"

즐거운 일의 강도가 강하면 나는 기분이 좋아져서 참지 못하고 크게 소리를 질렀다.

"우와~ 정말 잘했네. 좋아~ 기분이다. 447-0000에 전화해!"

447-0000는 번호가 외우기 쉬워서 신혼 초부터 지금까지 20년 동안 애용하는 우리 동네 통닭집 전화번호다. 아이들의 즐거운 보고는 대가족 살림살이와 고된 직장일에 지친 나를 행복하게 만들었다.

내 삶의 원천인 아이들의 엄마가 되고 나서야 나는 알게 되었다. 내가 어렸을 적 학교에서 돌아오면 엄마가 왜 그날 있었던 일을 그렇게 자세히 알고 싶어하셨는지. 내가 친구들과 아무 일 없이 사이좋게 공부하고 게다가 온통 동그라미가 쳐진 시험지를 자랑스럽게 내밀 때 엄마가 얼마나 행복하셨을지 이해하게 되었다.

맏딸이던 나는 생각해보면 엄마의 희망이었다. 많이 배우시지는 않았지만 어렸을 적 별명이 '영리'였다는 엄마는 틈만 나면 나에게 공부를 가르치셨다. 이른 새벽 차가운 펌프 물을 받아 내 두 눈을 적시면서 엄마는 내게 많이 미안해하셨다.

"아가, 졸리지?"

난 아가가 아니고 초등학생이었는데……. 나를 깨우셔서 받아쓰기, 덧셈, 뺄셈을 시험 치고 학교에 보내셨다. 먹고사는 것도 어려웠던 가난한 동네에서 새벽에 공부하고 학교 가는 아이는 나 말고 한 명도 없었다. 운 좋게 조기교육이 무엇인 줄 알았던 엄마를 만난 덕분에 나는 늘 1등을 했다.

학교에서 돌아오면 엄마는 집에 계시지 않았다. 엄마는 아버지와 노가리 말리는 덕장에서 일을 하고 계셨다. 나는 곧장 집으로 가지 않고 덕장으로 갔다. 내가 덕장에 가면 엄마는 그날 학교에서 있었던 일을 물으셨다. 엄마는 장갑을 벗고 내 가방에서 책을 꺼내 그날 배운 것 몇 가지를 물어보셨다. 엄마를 흡족하게 해드린 뒤 나는 집으로 돌아와 엄마가 준비해놓은 간식을 먹고 쉬었다.

엄마는 공부를 하라고 말씀하시지 않았다. 다만 내가 시험을 치는 날이면 자반고등어조림과 식혜를 만들어놓으셨다. 호박을 듬성듬성 썰어 밑에 깔고 알맞게 간이 된 자반고등어 도막을 얹은 뒤 양파와 풋고추를 어슷썰어 넣고 그 위에 고춧가루를 뿌리고 물을 약간 부어 조린 고등어조림의 맛은 정말 환상적이었다. 달짝지근한 엄마표 식혜 또한 늘 일품이었다.

나는 즐거운 소식을 가지고 달려가 내가 좋아하는 그 음식들을 떳떳하게 먹기 위해 열심히 공부한 것 같다.

결혼하고 나서야 시험을 치르는 날이면 만들어주셨던 식혜가 도

깨비방망이 두드리면 나오듯 쉽게 만들어지는 음식이 아니라는 걸 알게 되었다. 보온밥통도 없던 시절에 부뚜막에서 밥을 삭혀 식혜를 만드셨을 엄마의 말없이 큰 사랑을 돈 만 원과 전화 한 통으로 대신하려 한 나의 가벼움이 한없이 부끄러웠다.

아이들은 자라면서 즐거운 일, 슬픈 일을 의무처럼 보고(?)하지는 않았다. 나도 저희들 일은 스스로 알아서 하게 키웠으니 믿음을 내세우며 일일이 애타게 체크하지는 않게 되었다.

즐거운 보고놀이 "오늘은 기쁜 일만 셋!"을 설레며 기다리던 시절이 이젠 끝났나 했는데 귀공이 덕분에 다시 나에게 찾아왔다.

얼마 전 귀공이는 파란 딱지를 하나 받아왔다. 숙제를 아주 잘해서 상으로 받아온 딱지라고 으쓱이며 보여주었다. 아직 새생활에 적응하기에도 어려울 텐데 보고놀이 때문에 자칫 학교에서 즐거운 일만 만들어야 한다는 부담을 가질까 염려되어 "즐거운 일 몇!"은 미뤄두고 그냥 잘했다고 조용히 칭찬만 해주었다.

귀공이가 좀더 자라 엄마랑 즐거운 보고놀이를 하게 될 때쯤 나는 직접 만든 식혜까지는 아니어도 냉동실에서 오징어 꺼내고 김치 송송 썰어 부침개 정도는 만들어 딸을 격려할 줄 아는 엄마가 되고 싶다.

입학식날 새벽
운동장 한 바퀴

아이를 키우면서 나는 가끔 동화작가가 되어 이야기를 만들고 아이들을 주인공으로 삼았다. 딸은 내 동화의 주인공이 되기를 즐겨 잘 따랐지만, 아들은 뺀질거리며 빗나가곤 했다.

내가 생각한 동화 중 하나가 입학식 이야기다. 중학교, 고등학교 입학식 날마다 나는 아침 일찍 딸을 데리고 제일 먼저 교문을 들어가 운동장을 한 바퀴 돌았다. 돌면서 나는 각본대로 무게 잡고 말했다.

"너는 수많은 학교 중에서 너와 인연이 된 네 학교의 운동장을 오늘 신입생 중 가장 먼저 밟고 있다. 이 학교가 너를 자랑스러워하도록 가장 성실하고 모범적인 학생이 되기 바란다, 딸아!"

입학식 날은 늘 3월 초라 춥고 어두컴컴한 새벽길을 따라나가기 귀찮을 텐데도 딸은 한마디 불평 없이 엄마를 따라나섰다. 그리고 운동장을 돌며 엄마와 약속한 대로 누구보다 바르고 착한 학생으로 열심히 생활했다.

그 입학식 날 동화 같던 이야기는 우리 둘의 기억에만 남아 있을 거라 생각했는데 대학입학 원서를 쓸 때 자기소개서 '나의 성장이야기'에 딸이 그 이야기를 적어 깜짝 놀랐다. 입학식 날 새벽 가장 일찍 학교 운동장을 돌며 엄마와 한 약속을 지키기 위해 학교를 사랑했고 학교가 진정 자랑할 수 있는 학생이 되고자 열심히 노력했다는 것이다.

90프로 이상이 꾸민 이야기라는 말이 돌 정도로 수험생 자기소개서는 미사여구투성이인데, 딸이 쓴 글은 90프로 아니 그 이상 진실이었다. 딸이 쓴 자기소개서를 읽으며 엄마는 이런저런 사연을 준비해주기도 해야 하는구나 생각했다.

동화를 쓰는 사람이나 주인공이 되는 사람이나 모두 이해하지 못하겠다는 아들에게 말했다.

"누나가 말야, 입학식 날 운동장 달린 걸 엄청 근사하게 적었는데 어쩌니? 이담에 자기소개서 적을 때 그 말을 못 적어서."

그러나 계산 빠르고 현실적인 아들은 헤헤 웃으며 말했다.

"엄마도 참. 그 글이 필요하다 생각되면 그냥 그랬다 적으면 되지 추운 날 새벽에 나가서 굳이 고생할 필요가 어디 있어요? 난요, 이담에 온 갖 감동적인 일 다 했다고 꾸며서 적을 거예요. 교수님이 내가 3년 전

입학식 날 새벽에 늦잠 잤는지 운동장을 뛰었는지 알 길이 있어요? 아무
튼 우리 엄마, 우리 누나 답답하다니까!"

　하지 않은 일을 했다고 적으면 큰일 날 것처럼 생각하는 매사 정직
한 딸이 정상인지 요리조리 잔머리 굴리며 편하게 살아가는 법을 터
득해가는 아들이 정상인지 너무도 여유 있는 아들의 웃음 앞에서 잠
시 혼란이 왔지만 나는 아들의 머리를 한 대 쥐어박는 걸로 올곧은
딸이 옳다고 결론을 내렸다.

　큰딸이 동화 속 주인공 자리에서 나오고 그 자리에 또 다른 주인공
으로 들어간 막내 귀공이와 나는 초등학교 입학식 날 새벽 운동장을
돌며 히히덕댔다. 막내가 소녀시절을 끝내고 동화 속에서 나올 때쯤
이면 나는 아마도 첫딸이 낳은 손녀를 데리고 또 운동장을 돌며 즐겁
게 동화를 만들고 있을 것 같다.

삐딱한 남편에게는
보자기 사랑이 약이다

1988년 여름.

직장 동료들과 점심을 먹고 오후 근무에 들어갈 즈음 나는 처음으로 신비한 경험을 하였다. 내 몸속에서 나를 엄마라고 부를 아이가 움직인 것이다. 가정시간에 임신 5개월쯤 태동이 있다고 배우기는 했지만 실제 그런 일이 일어나니 마냥 신기하기만 했다.

이 기분을 함께하려고 남편에게 전화했다.

"있지, 신기하다. 뱃속에서 아기가 움직여."

그런데 남편은 한심하다는 투로 말했다.

"야, 임마. 그럼 생명체가 때가 되면 나 여기 살아 있소 하고 움직이는 게 당연하지 그게 뭐 대단한 일이나 된다고 바쁜 사람에게 전화해서

호들갑이냐? 끊어라."

남편과 내가 다른 점은 이루 헤아릴 수 없이 많다. 그중에서 가장 큰 차이는 중요한 순간에 나오는 반응이다. 나는 작은 것에도 의미를 두는 편이다. 하물며 첫아이의 태동과 같이 내 생애의 커다란 사건 앞에서 나의 흥분과 감격의 강도는 여느 것과 비교할 수 없었다. 그러나 남편은 모든 일에 무덤덤하며 아무 생각도 표정도 없는 사람 같았다.

결혼하는 날도 그랬다. 나는 전날부터 긴장하여 밥을 쫄쫄 굶고 혹시 실수라도 하지 않을까 걱정되어 잠도 자지 못했다. 식장에도 일찌감치 도착하여 멀리서 나의 첫 출발을 축하해주기 위해 온 친구들과 친지들에게 진심으로 감사하다는 인사를 하였다.

반면 남편은 예식시간이 채 20분이 남지 않았는데도 나타나지 않았다. 신부 대기실에서 같이 사진도 찍어야 하고 일가친척들에게 미리 인사도 해야 하는데 도무지 얼굴이 보이지 않았다. 연속극에서 본 장면이 떠올랐다. 옛날 애인을 만나 결혼식에 참석하지 않고 도망가는 장면이었다. 머릿속으로 소설을 두어 편 썼을 때 신랑이라는 남자가 얼굴이 벌겋게 상기되어 헐레벌떡 나타났다. 친구들과 어제 밤새도록 술 먹고 지금까지 당구치다 늦었단다.

결혼생활을 시작도 하기 전에 신부 속을 이리도 태우는 남자와 결혼을 해? 말아? 생각 같아선 "이 결혼 무효! 땅땅땅" 하고 홱 돌아서

고 싶었지만 그동안 이 남자를 만나 쏟은 시간, 정성, 노력이 아까워 참았다.

새해 첫날은 물론 새달의 첫날만 돼도 긴장하고 계획짜고 잔머리 굴려대며 매사에 의미를 부여하기 좋아하는 내가 그렇게 긴장이라고는 모르는 남자와 함께 살아오면서 힘든 순간이 얼마나 많았을까.

첫 태동에 대한 남편의 반응은 자녀교육을 하는 데 앞으로 내가 얼마나 고독하고 험난한 길을 혼자 외롭게 가야 하는지 알려준 전주곡이었다.

아이가 자라면서 아이들 책이 필요하다는 생각이 들 때쯤 한 아저씨가 책을 팔러 오셨다. 여러 가지 동식물에 대한 것도 있고 동화도 있어 권수가 꽤 많은 책이었다. 책값은 20만 원인데 매월 2만 원씩 열 달 동안 나누어 내는 거라 하였다. 그 당시 남편의 월급이 40만 원 정도였으니 상당히 큰 금액이었지만 아이들에게 필요하겠다 싶었다. 그래서 남편에게 물어보고 결정하겠으니 내일 다시 방문해 달라고 하였다.

그날 밤 남편에게 이 일을 상의하자 남편은 자기는 책 없이도 아무 탈 없이 잘 컸으니 책 살 생각은 아예 하지 말라고 소리를 꽥 질렀다. 난 그날 밤 곰곰이 생각하였다.

'아이고, 이 남자랑 의논해서 애 키우다가는 딱 바보, 멍청이 만들기 십상이겠다. 요즘 아빠들의 교육열이 얼마나 높은데. 세상에, 값비싼 유아 전문 교육기관으로 내몰겠다는 것도 아니고, 애들 교육에 가장 저렴하면서 필수품인 책을 사서 엄마가 가르치겠다는데도 반대하다니. 음, 좋다. 다른 건 다 양보해도 교육문제는 포기할 수 없다. 절대 물러서면 안 된다. 저런 사람이 훗날 아이를 똑똑하게 길러놓지 않으면 모두 내 책임으로 돌리고 탓하게 마련이다. 좋아. 보자기 작전을 써야지.'

다음날 방문한 아저씨에게 나는 책을 가져오라고 한 뒤 상자를 뜯어 번호 순서를 바꿔 뒤죽박죽으로 섞은 다음 다락에 올려 두었다. 그리고 그날 저녁 진수성찬을 만들어놓고 남편을 기다렸다.

된장찌개가 바글바글 끓고 있는데 남편이 들어왔다. 나는 연속극에서 본 상냥한 주부 흉내를 내며 말했다.

"아이고 남편님, 가족을 위해 돈 벌어오시느라 오늘도 얼마나 노고가 심하셨어요?"

평소같지 않게 상냥한 나를 보고 눈치 빠른 남편이 대번 물었다.

"너, 사건 저질렀지?"

나는 일단 저녁부터 먹고 차근차근 말하겠다고 한 뒤 식사 후 과일을 깎아주며 남편에게 말했다.

"있죠, 나 오늘 돈 벌었다. 어떤 사람이 갑자기 이민을 가게 되어 물건을 급하게 처분한다기에 애들 동화책 한 상자를 반값에 샀지 뭐예요. 그집 아이들이 몇 번 봤다는데 새 책 같더라고요. 볼래요? 다락에 있는데."

혹시 몰라서 책을 뒤섞어 놓긴 했어도 매사를 귀찮아하는 남편이

다락에 올라가 볼 리가 없었다. 나는 짐짓 미안해하는 표정으로 이렇게 덧붙였다.

"아무리 중고라 해도 남편이 사지 말라는 동화책을 내 마음대로 샀으니 한 달 동안 동화책 값만큼 내가 한 끼씩 굶죠, 뭐! 점심을 굶을게요!"

남편은 얼굴빛 하나 안 바꾸고 대답했다.

"점심은 확인할 수 없으니 저녁을 굶어!"

주변에는 내 남편처럼 아이들은 그냥 두어도 잘 자란다는 식으로 생각하는 남편 때문에 힘들어하는 엄마를 종종 볼 수 있다. 이성과 논리를 앞세우며 대놓고 따지다가 부부 사이에 적잖이 불화가 생기기도 한다.

부부가 한마음으로 아이의 미래를 의논하며 바른 교육을 실천하면 좋겠지만 부부의 의견이 일치하지 않는 경우가 많다. 이런 경우에는 한쪽이 적극적인 교육열의를 가져야 한다. 과정이 어떠하든 결과가 좋다면 만족하지 않는 부모는 없다. 아이에게 교육이 필요한 시기에 그 필요성을 미처 깨닫지 못해 무관심했지만 배우자가 적극적으로 교육해 아이가 지혜롭고 반듯하게 자란 것을 보면 감사함을 느끼는 건 당연하다. 나는 교육에 무관심한 남편을 보며 나 혼자라도 소신껏 내 교육관을 실천해 가리라 굳게 다짐했다. 그리고 훗날 분명히 나의 적극적인 교육방법이 옳았음을 그가 인정할 것이라고 믿었다.

가정의 평화와 아이교육을 동시에 챙기기 위해 엄마는 지혜로워야 한다. 나는 바위를 이기는 건 보자기라는 것을 신혼 초에 깨우쳤다. 꿈쩍도 않는 바위인 남편을 이기기 위해서는 똑같이 바위가 될 것이 아니라 숨도 못 쉬게 바위를 감싸버리는 널따란 보자기가 되어야 한다고 생각하였다. 정면충돌은 피하면서 내가 옳다고 생각하는 교육관은 굽히지 않을 거라고 결심했다.

아이들 키우면서 사사건건 '사지 마라', '하지 마라', '그만 해라', '그냥 둬라'며 부정적인 말만 내뱉는 남편과 싸우기가 나는 너무 힘들었다. 그래서 나처럼 힘들고 외로운 엄마를 만나면 따끈한 차 한 잔 대접하며 위로해주고 싶다. 고약한 남편이 훗날 당신의 적극적인 교육방법이 옳다고 깨달을 때까지 내가 동무해줄 테니 결코 포기하지 말고 넓디넓은 보자기의 마음으로 감싸안고 우리의 희망인 아이들을 열심히 키우자고 격려해주고 싶다.

아이가 똑바로 걷기 원하면
엄마부터 **똑바로 걸어라**

아주 오래전, 딸의 유치원 추첨일. 그 해는 유난히 눈이 많이 왔다. 진행자가 원장선생님이 눈길에 오시느라 30분 정도 늦으실 것 같으니 30분 후에 추첨하겠다며 혹시 어머니들 중 노래 부르실 분 있으면 나와서 노래하라고 장난스럽게 말했다.

꽤 큰 사립 유치원이어서 예비 원생들과 보호자들이 강당을 가득 메우고 있었다. 딸은 생일이 빨라 학교 입학을 한 해 앞둔 여섯 살이었다. 처음 사회생활을 시작하는 딸을 위해 행동으로 보여주고 싶다는 생각에 손을 들고 앞으로 걸어 나갔다. 그리고 이 자리에 있는 아이들을 위해 동요 한 곡을 선물하겠다고 말하고 가사가 아름다운 노래를 불렀다.

노래하는 음반 위를 달리는 천사처럼 살아간다면 참 즐거워.

길고 좁은 골짜기에 작은 놀이터지만 음악이 가득해요.

사랑스러운 요정이 노래 부르고 아름다운 천사가 춤을 추는 곳

우리들도 그곳을 여행하면서 노래하며 신나게 춤을 추지요.

노래가 끝나고 박수를 받으며 내려와 아이 옆에 앉으면서 아이 손을 꼭 잡고 말했다.

"봤지? 유치원에서 선생님이 뭐 할 사람? 이러면 이렇게 씩씩하게 손들고 나가서 해야 하는 거야. 알았지?"

아이는 내가 하고 싶은 말을 이해했는지 고개를 끄덕였다.

난 내 아이가 단체생활을 적극적으로 하기를 바라는 마음으로 노래를 잘 부르지도 못하면서 엄청난 용기를 낸 것이었다. 덕분에 일곱 살에 초등학교를 입학한 자그맣고 여린 아이는 그로부터 6년 후 개교 이래 여자로서는 처음으로 전교 어린이 회장이 되었다. 매사에 당당하고 적극적이며 열심인 아이. 그 아이의 당당함 뒤에 아주 오래전에 두근거리는 마음으로 「음반 위의 천사」라는 긴 동요를 여러 사람 앞에서 떨며 부른 엄마가 있었음을 아무도 모를 것이다.

용기 있는 엄마가
자신감 있는 아이로 키운다

막내가 유치원에 다닐 때, 자신감 갖기 대회라는 명칭의 행사가 있었다. 말이 자신감 갖기 대회지 동시를 한 편씩 외워서 무대에 나와 발표하는 대회였다. 엄마와 함께 무대에 서서 창의적인 뭔가를 해야 된다기에 며칠 전부터 뭘 할까 고민하다 문득 큰딸이 초등학교 저학년이던 가을날 서울시 어린이 동시낭송 대회에 참가했던 일이 떠올랐다. 꼭 상을 타기 위해서라기보다 아이가 다른 사람들 앞에서 자기 생각을 떨지 않고 자신 있게 말하는 아이로 자라기를 바라는 마음으로 이런 기회에 대중 앞에 서 보는 경험을 하게 해주고 싶었다. 주의사항을 보니 여러 가지가 있었다. 꼭 암기해올 것, 시 낭송 배경음악을 위한 테이프를 준비해올 것 등.

나는 그곳으로 전화를 했다.

"혹시 엄마가 직접 기타반주를 해주면 안 되나요?"

"아직 그런 경우는 없었지만 안 될 것도 없지요. 그럼 기타를 준비해 오세요."

엉뚱한 엄마 덕분에 이상한 선례가 만들어지는 순간이었다.

아이 둘을 데리고 기타 들고 낙엽 곱게 물든 대학로 공연장으로 갔다. 유명한 아동문학가에 저명한 음악가까지 이름만 듣던 사람들을 대하자 그들이 누군지 알 리 없는 아이는 태연한 반면 나는 마구 떨리기 시작했다. 기타줄이 갑자기 툭 끊어지면 어쩌나 하는 괜한 걱정까지 들었다.

처음으로 시를 읊기 위해 나온 아이는 키가 큰 초등학교 6학년이었는데 너무 긴장한 탓에 내용을 까먹어 끝까지 다 못하고 내려갔고 꽤 여러 아이들이 평소 실력을 다 내보이지 못하고 어물쩡거리면서 끝을 맺었다. 대중이 주시하는 무대에 서서 뭔가를 발표하는 것이 아이들에게는 얼마나 힘든 일인지 알 것 같았다. 조마조마하게 기다리던 딸 차례가 되었다. 그저 끝까지 다 외고, 손으로 얼굴 가리고 울먹이며 내려오지만 않으면 좋겠다는 바람뿐이었다.

아이는 무대 한가운데로 가고 나는 무대 오른쪽 작은 의자에 앉았다. 기타에는 완전 아마추어 주부이지만 기본 코드 네 개로 아르페지오 주법을 반복해 치는 정도는 어렵지 않게 할 수 있는데도 손이 바르르 떨렸다. 내 귀와 눈, 마음은 모두 태어나서 처음으로 여러 사람 앞에서 큰 일을 겪는 아이에게 향해 있었다. 그런데 놀랍게도 아이는 무대체질(?)이었다. 그 작은 얼굴에 여유 있는 미소를 가득 머금고 청중을 골고루 쳐다보며 기타반주에 맞춰 또박또박 시를 읊고 있었다. 엄마는 덜덜 떨고 있는데 아이는 온 천하가 제 무대인 듯 당당하게 시를 전하고 있었다.

무사히 경험만 쌓길 바랐던 내 기대를 초월해 결과는 과분하게도 동상 수상이었다. 시상식을 하며 딸에게 사회자가 물었다.

"평소에 시를 자주 낭송하나요?"

"네, 엄마가 기타를 쳐주시고 저와 동생은 자주 시를 읽어요."

준비해주지 않은 즉석답변에 엄마를 남들 앞에서 매우 좋은 엄마로 만들어줄 줄 아는 지혜까지. 사실 동시를 좋아하는 나는 평소에 자주 아이들과 집에서 기타반주를 하며 동시를 읽었다.

적지 않은 액수의 도서상품권을 상으로 받아 아이들과 대학로에서 맛있는 식사를 했던 지난 일이 생각나 막둥이 시낭송 대회에도 그 비장의 수법을 썼는데 적중했다. 새댁들만 바글바글 모여들어 웅성웅성대는 것을 보신 아버님이 눈을 찡긋하며 말씀하셨다.

"애 아가, 네가 젤 나이가 많다."

난 누가 들을세라 목소리 죽여 엄지를 탁 세우고 말했다.

"그래도 걱정 마세요. 나이는 그냥 먹는 게 아니라는 걸 제가 확실히 보여줄 테니까요. 씩씩하게 잘 할게요."

덜덜 떠는 아이, 우는 아이에 이어 귀공이는 제 이름이 호명되자 씩씩하게 앞으로 나갔고 나는 꼬마의자를 들고 나가 인사했다. 더 큰 무대를 경험했기 때문인지 한결 여유 있게 반주해주었다. 3일 내내 연습한 귀공이도 그 옛날 언니처럼 청중을 골고루 쳐다보며 조금도 떨지 않고 잘해주었다. 아이를 자신감 있게 키워가는 것. 그건 거저 얻을 수 있는 것이 아니다. 여러 기회를 접하여 느끼고 경험하면서 키워지는 것이다. 큰딸은 그 시낭송 경험을 통해 많은 걸 배우고 느꼈는지 초등학교 시절 내내 학교대표로 시·시조낭송, 나의 주장 발표 등을 맡아 잘 해내었다. 6학년 때는 회장 연설을 멋지게 하여 전교회장으로 당선되었다. 선거연설문 발표 장면을 비디오로 찍어 선물로 주시면서 교감선생님이 말씀하셨다.

"무슨 국회의원 연설 같았어요. 어찌나 대범하고 당당하게 연설을 잘하는지 놀랐어요."

사람 키우기만큼 인과법칙이 정확히 존재하는 분야가 또 있을까 하는 생각을 해본다.

평범한 아이를 일등으로 키우는 엄마의 10계명

1. 엄마를 좋아하게 하라.

엄마를 좋아하는 아이는 엄마가 원하는 모습으로 자라 엄마를 기쁘게 하려는 노력을 하게 마련이다.

2. 유아부터 초등학교 3학년까지의 교육에 전념하라.

이 시기는 나무의 뿌리처럼 인성과 지능의 근간이 이루어지는 기간이므로 이후 투자할 시간과 노력을 앞당겨 투자해야 한다.

3. 최고의 교육기관은 가정이며 엄마는 최고의 교사다.

아이를 이 세상에서 가장 사랑하는 사람은 엄마이며 따라서 사랑이 있는 가장 훌륭한 교사는 엄마임을 잊지 말라.

4. 교육에도 우선순위가 있음을 잊지 말아라.

이것저것 다양하게 시키다 보니 책 읽힐 시간이 없다고 말하는 엄마처럼 어리석은 사람은 없다. 언어감각이 풍부한 아이로 키우기 위한 최고의 묘책은 책읽는 습관을 길러주는 것이다. 책 읽힐 시간이 없이 바쁘다면 다른 걸 정리하여 책 읽을 시간을 확보해주어라.

5. 인스턴트 교육을 경계하라.

근사하지 않아도 엄마와 함께 만들고 그린 카드에 아이들은 애착을 느끼며 훨씬 좋은 학습효과를 거둘 수 있다. 무엇이든 직접 만들고 그리기를 시도하라.

6. 학교교육에 모든 교육의 초점을 맞춰라.

공교육을 신뢰하고 믿어라. 아이에게 학교 선생님이 최고임을 알게 하여 모든 교육을 학교교육에 맞추면 사교육이 필요 없어진다.

7. 깨어 있는 엄마가 되라.

교육이란 따로 시간 내어 해야 하는 고단한 작업이 아니다. 생활이 곧 교육의 장이다. 아이와의 놀이 속에 재미있는 교육을 집어넣을 수 있는 아이디어를 끊임없이 연구하자.

8. 엄마부터 바른 교육의 모범을 보여라.

아이는 보는 대로 자란다. 타인을 배려하라고 가르치면서 엄마가 이기적인 모습을 보인다거나 독서교육의 필요성을 강조하면서 엄마가 인쇄물에는 눈길 한 번 안 준다면 이상적인 자녀를 기대할 수 없다.

9. 엄마의 굳은 의지가 필요하다.

교육은 백년지대계라 한다. 자녀교육을 실천하면서 부딪칠 수 있는 모든 방해물들을 막아내려면 엄마의 굳은 의지가 필요하다. 만일 내적 의지가 부족하다면 3일에 한 번씩 작심하여 작심삼일을 타파하라.

10. 지능을 계발시켜라.

열심히 노력은 하지만 지능이 좋지 않아 학습효과가 더디게 나타나는 경우를 지켜보는 것만큼 안타까운 일은 없을 것이다. 지능은 살아가는 데 중요한 요소다. 지능은 타고나는 것이 아니라 계발되는 것이다. 아이의 뇌가 발달되는 시기에 모든 감각을 다 사용해 아이의 지능을 계발해주기 위해 노력해야 한다.

2장

취학 전에는
공부맛을 들여라

수다쟁이 엄마가 되자!
언어샤워

두 아이가 아주 어렸을 때 빼고 나는 늘 일하는 엄마였다. 조기교육이 중요하다는 건 알면서도 평범한 주부로 아이만 기르며 사는 건 못 견디는 욕심꾸러기 여자였다. 세상 어디엔가 내가 할 수 있고 내가 해야 하는 일이 분명히 기다리고 있을 것만 같았다.

엄마가 일을 한다고 해서 아이에게 소홀해도 됨을 정당화할 수 없다는 걸 기특하게도 알고 있던 나는 아이들만 보면 정신 나간 여자처럼 떠들어댔다. 아이들을 키울 때는 꼬마 박수부대 동원해서 공연한다고 남편에게 손가락질 받으며 종일 노래 부르며 떠들었고, 일 찾아 나간 뒤에는 아이들에게 미안한 마음에 나를 몰아쳐서 더 떠들어댔다.

딸이 무궁화나무를 가리키며 "엄마, 저 나무 이름이 뭐야?"라고 한 마디 물으면 나는 기다렸다는 듯이 줄줄이 대답을 늘어놓았다.

"저건 있지. 무궁화나무라는 건데 바로바로 우리나라 꽃이야. 나라마다 나라꽃이 있단다. 일본은 벚꽃, 영국은 장미, 네덜란드는 튤립이 나라꽃이지. 무궁화나무는 벌레에도 잘 견디고 좀처럼 쉽게 병들지 않는단다. 그래서 아주 강한 꽃이야. 우리나라 국민도 어려울 때마다 슬기롭게 잘 이겨냈기 때문에 우리나라 국민을 닮았다고 해서 우리나라 꽃이 되었어. 전에 엄마가 무궁화 노래 가르쳐줬지? 우리 그 노래 같이 불러볼까? 무궁 무궁 무궁화 무궁화는 우리 꽃 피고 지고 또 피어 무궁화라네 너도 나도 모두 무궁화가 되어 지키자 내 땅 빛내자 조국 아름다운 이 강산 무궁화 겨레 서로 손 잡고서 앞으로 앞으로 우리들은 무궁화다. 그리고 있지. 나무는 영어로 트리라고 한단다."

내가 알고 있는 지식을 총동원해서 끔찍하게도 떠들어댔다. 아이랑 있는 절대시간이 적으니 무엇이든 알려주고 싶었다. 그래서 아이와 함께 있을 때 내 눈에 보이는 모든 게 교재이고 교육매체였다.

훗날 두 아이가 자란 후 뒤늦게 유아교육 이론서를 보게 되었는데 이론도 모르고 한 이 행동이 유아기 아이들에게 효과적인 교육방법이었음을 알게 되었다. 바로 '언어샤워'라는 거였다. 샤워기로 물을 뿌려주듯 언어의 비를 늘 아이에게 촉촉이 부어주라는 이론이다. 콩에 물을 주면 물이 아래로 다 빠지는 듯해도 물을 머금은 콩이 쑥쑥

자라 콩나물이 된다는 이론. 나는 바로 그 이론의 확실한 실천자였던 셈이다.

직장에 다니느라 식구들 얼굴 보기 힘든 요즘에도 나는 막내에게 언어샤워를 퍼붓고 있다. 유치원에 다닐 때부터 이 닦을 때 월 이름, 숫자, 요일을 영어로 말해 주었고, 머리를 묶는 동안 아이는 동화책을 읽었다. 짧은 영어로 이야기를 주고받으면서 유치원 차를 기다리고, 차가 늦게 오면 더하기, 빼기까지 공부했다. 함께하는 시간이 항상 부족해 안타까웠지만 크게 뒤떨어지지 않는 아이로 아무 탈 없이 잘 자랐다.

누구에게나 공평하게 주어지는 24시간. 남들이 1초에 두 걸음 걸으면 난 좀더 속도를 내어 다섯 걸음 걸었다. 남들이 텔레비전에 눈을 고정하며 즐길 때 나는 텔레비전 보면서 빨래를 개거나 다림질하며 시간을 부풀렸다.

언젠가 누가 나에게 자기가 하고 싶어하는 일도 포기하지 않으면서 잃는 것도 없는 얄미운 여자라고 말했지만 그녀는 모를 것이다. 고요히 우아하게 떠 있는 것처럼 보이는 백조가 물속에서 얼마나 열심히 발을 놀리고 있는지를.

세상에 거저 주어지는 건 없다. 아이를 열심히 키워낸 엄마는 분명 아이들에게 뭘 하나라도 더 알게 해주려고 다른 즐거움을 포기했을 것이다. 그런 사람들이 있어 미래는 희망으로 가득 차 있다고 나는 생각한다.

충분히 **쏟아 붓고**
결과를 기다리자

나는 노래 부르기를 좋아한다. 다른 사람에게서 노래 잘 부른다
는 말은 별로 못 들어보았지만 내 목소리가 꽤 예쁘다는 착각에 빠져
산다. 대신 주제파악은 분명히 할 줄 알아서 가요는 못 부르고 아이
들 노래만 열심히 부른다.

어렸을 때 아이들은 내 노래의 가장 열렬한 청중이었다. 큰아이가
돌이 될 때쯤 시부모님의 배려로 분가한 집은 다락이 있는 쪽방집이
었는데 남편이 출근하고 나면 다락에 올라가 대학 때 마련한 고물기
타를 치며 동요를 불렀다.

사실 노래 부르는 것을 좋아하기도 했지만 노래를 불러야 애 키우
기가 편했다. 그렇지 않으면 좁은 방 하나에서 아이들 뒤를 졸졸 쫓

아다니며 어질러진 물건 치우기 바빴을 테니까. 내가 다락에서 노래를 부르면 두 아이는 고개를 쳐들고 박수만 열심히 쳤다.

난 동요 한 곡을 부르면서도 늘 아이들 앞에서 가수처럼 인사를 했는데 아이 둘은 엄마가 인사를 하면 손바닥이 아프도록 박수를 쳐댔다. 박수친 값을 받아야겠다는 계산에서인지 아이들은 내 노래가 끝날 때까지 꼼짝도 않고 쳐다보았다. 이렇게 청중 둘을 둔 무명가수(?)로 공연을 몇 차례 하면 하루가 금방 갔다.

그러다 참 신기한 걸 발견하게 되었다. 가사가 조금이라도 자기들과 관련되어 있으면 아이들이 무척 재미있어한다는 것이었다.

가령 "우리 아가 자라서 무엇이 될까요"보다 "우리 아혜 자라서 무엇이 될까요"라고 부르면 더 좋아했다. 그걸 파악하고 나서 나는 동요의 한 부분을 살짝 개사하여 꼬마 청중을 유혹했고 그 유혹을 학습에 이용하게 되었다.

"여보세요 여보세요 이가 아파요 이 아프고 흔들리면 어떡할까요. 어느 어느 병원에 가야 할까요. 여보세요 여보세요 나는 의사요. 이 아프고 이 흔들리면 어서 오세요 여기는 치~과 병원입니다."

이 노래로 아이들은 종합병원을 꿰게 되었다.

"개나리 노란 꽃그늘 아래 가지런히 놓여 있는 꼬까신 하나 아기는 살짝 신 벗어 놓고 맨발로 한들한들 나들이 갔나 가지런히 놓여 있는 꼬까신 하나."

15

한머니머리엔 눈이왔어요
벌써 벌써 하얗게 눈이왔어요
그래도 나는 나는 제일좋아요
우리가 춘머니가 제일좋아요

16 (12·1)

까치까치 설날은 어저께
우리우리 설날은 오늘에
곱고고운 댕기도 내가
새로사된 신받도 내가
우리언니 저고리 노랑 서
우리동생 저고리 색동

22

나비야 나비야 이리날라 오너라
노랑나비 흰나비 춤을추며 오너라
봄바람에 꽃잎도 방긋방긋 웃으며
참새도 짹짹짹
노래하며 춤춘다.

23

햇님이 방긋웃는 이른아
나팔꽃 아가씨 나팔불어
잠꾸러기 그만 자고 일어
나팔꽃이 똣또 따따라 나

29

따르릉따르릉 조금 비켜나세요
자전거가 나갑니다 따르르릉
저기가는 저사람 조심 하세요
어물어물 하다가는
큰일납니다.

30

동쪽 하는 작은별 반짝이
비치네
서쪽하는 작은별
반짝반짝비치네
모두모두 다같이
반짝반짝 비치네

17

햇볕은 쨍쨍
모래알은 반짝
모래알로 밥해놓고
조약돌로 소반 지어
엄마 아빠
모셔다가
맛있게 얌냠

18

새신을 신고 뛰어보자
팔짝
머리가 하늘까지
닿겠네

19

24

하얀눈 하얀눈
어째서 하얀가
마음이 맑으니 하얀탓지
빨강꽃 빨강꽃 어째서 빨
간가 마음이 예쁘니 빨강꽃지
파랑새 파랑새 어째서 파란가
파란콩 먹으니 파랗지.

25 (12·10)

산골짝에 다람쥐 아기 다람쥐
도토리 점심가지고 소풍을 간다
다람쥐야 다람쥐야
재주나 한번 넘으렴
팔딱 팔딱 팔딱
날도 정말 좋구나

26

방
쪼
간
쪼

31 아혜생일 → 두돌되는생일

햇빛처럼 찬란히
샘물처럼 드맑게
온누리 함께 옳게 퍼져나가소서
뜨거운 박수로 축하합니다
~~오늘~~의 생일을 축하합니다.
아혜

큰아이가 두 돌이 되기 전, 일지에 적은 동요 리스트. 매일 새로운 동요를 불러주기 위해 전날 밤 가사를 적고 노래를 연습했다.

이 노래로 아이들은 아장아장, 뒤뚱뒤뚱, 한들한들, 살랑살랑 같은 의태어를 즐겁게 느끼게 되었다. 큰아이가 두 돌이 가까워지면서 나는 본격적으로 노래를 이용한 언어학습(?)을 시작했다. 매일 하루에 하나씩 동요를 가르쳐주었는데 전날 미리 동요를 선택해서 아침에 남편 출근하고 나면 계속 불러댔다. 밥하면서도 부르고 청소하면서도 부르고……. 그러면 점심때가 지날 때쯤 아이 입에서 그 동요가 똑같이 흘러나왔다.

어린이 교육에서 꼭 마음에 새겨야 할 것 가운데 하나는 무얼 가르치고자 할 때 절대 '따라해봐'라는 말을 자주 하지 말라는 거다. 강요 없이 자연스럽게 인풋(in-put)을 하고 아이의 잠재의식 속에 들어간 정보가 스스로 되돌아 나올 때까지 아웃풋(out-put)을 강요하지 말라는 거다.

매일 하루 한 곡씩 다섯 달을 불렀는데 나중엔 가르칠 동요가 없어 아예 노래를 만들었다.

"일주일은 칠일이지요 일 월 화 수 목 금 토.

무지개는 일곱 색깔 빨주노초파남보."

학습의도를 숨기고 만든 동요인데 아이는 신나게 부르고 다녔다. 어느 날 "너 혹시 무지개색 알아?" 하고 물었더니 아이는 "빨주노초파남보"라고 줄줄 대답했다. 속으로 난 '야호~ 성공!'을 외쳤고 이런 나에게 남편은 '교활한 여자'라며 눈을 흘겼다.

그러나 나는 지금도 확실하게 믿는다. 아이는 놀고 있다고 생각하는데 엄마는 학습을 시킨 거라면 그 이상 성공적인 교육이 어디 있겠느냐고. 내가 동요 속에 의태어를 살짝 넣어 미래의 언어영역 공부를 좀 시도해봤다 해도 아이가 즐거워한다면 그건 공부가 아니라 놀이다. 몸에 좋은 약을 먹이기 힘들 때 달콤한 주스에 섞어 먹이는 것이 지혜로운 엄마지 어찌 간교한 엄마란 말인가.

어느 날 퇴근해 돌아온 남편이 다락에 올라앉아 기타 치며 노래 부르는 엄마를 고개 쳐들고 박수치며 즐거워하는 두 아이를 보더니 나에게 말했다.

"너 공산당이냐?"

어렵고 힘든 고3 시절에도 항상 밝은 표정을 잃지 않던 고마운 딸에게는 어릴 때 엄마 따라 불렀던 동요의 기억이 큰 힘이 되었으리라 확신한다.

기억력과 한글 실력을
키우는 동요 부르기

아무 이론도 모르고 현실에서 부딪치며 경험으로 느낀 것들이 훗날 근사한 교육 이론서에서 '그런 방법이 이런 근거로 옳다'라는 말로 공식적으로 인정을 받게 될 때처럼 햇병아리 엄마에게 기쁜 순간이 또 있을까.

음악교육이 그랬다. 난 노래, 특히 동요를 좋아했고 두 아이가 연년생이라 고만고만한 아이들 둘 키우기가 힘들어 '에이, 이참에 나도 같이 놀자'라는 마음으로 노래를 끝없이 불러주고 가르쳤는데 훗날 어떤 교육서적에서 다음과 같은 글을 읽고 마음이 뿌듯했다.

음악교육은 아이들에게 정서적 안정을 가져다줄 뿐 아니라 리듬감을 익혀 주고 기억력 발달에도 도움을 주는 최고의 교육이다.

　멋모르고 해봤는데 나중에 내 방법이 옳았다는 것을 확인했던 것이 또 하나 있는데 바로 학습순서에 관한 것이다. 아이에게 있어 최초의 학습은 사물인지일 것이다. 나는 벽에 동물 그림을 붙여놓고 동물 이름을 끝없이 노래에 담아 아이에게 불러주었다. 코끼리 그림을 가리키며 "코끼리 아저씨는 코가 손이래~" 노래를 불러주었고, 강아지 그림을 가리키면서 "우리 집 강아지는 복슬강아지~" 노래를 불러주었다. 동물 그림이 그려진 그림책을 읽어줄 때도 동물 이름을 반복해 불러주었다. 한동안 이것은 기린이고 이것은 사자이고 이것은 코끼리라고 했을 뿐 아이가 알고 있나 확인하지는 않았다.

　아이에게 질문할 경우엔 아이가 대답할 수 있는 것을 묻는 것이 좋다. 나는 혹시라도 아이가 내 질문에 대답을 못해 좌절할까 염려되어 섣불리 질문하지 않았다. 충분히 인지했을 거라고 판단되었을 때에야 질문을 시작했다. 동물이 모여 있는 그림판을 보면서 노래를 불러주면 좋다.

　"호랑이는 어디 있나?" 아이가 가리키면 같이 "요~~기."

　"코끼리는 어디 있나?" "요~~~기."

　"원숭이는 어디 있나?" "요~~~기."

　"뱀은 어디 있나?" "요기!"

69

아이의 손끝을 따라 요기라고 불러주고 혹시 처음에 바로 맞히지 못하면 고장난 레코드처럼 "어디 있나 어디 있나~"를 끝없이 반복해서 아이가 맞힐 때까지 노래를 불러주면 결국 아이는 맞히게 된다. 그리고 잘했다고 박수를 쳐주면 아이는 한껏 즐거워했고 재미있어 했다. 이 단계가 끝나면 마지막으로 "이것은 무엇이니?"라고 질문하고 아이가 답하게 한다.

일명' This is~, Where is~? What is~?'라고 내가 이름붙인 3단계 학습법은 사물인지뿐 아니라 한글, 영어 등 모든 처음학습의 기본 순서가 되었다.

한글 공부도 마찬가지 순서로 시켰다. 사물인지 능력을 어느 정도 갖게 되자 시작한 한글학습은 카드놀이로 했다. 벽에 가나다라가 나온 글자판을 붙이고 우선 노래를 불러주며 글자를 인지시켰다.

"가 나 다 라 마 바 사 아 자 차 카 타 파 하~ 우리 ○○이 재미있게 글자놀이 합시다~"

(도도미파 솔라솔미 레레레레 도미 도도미파 솔라솔미 레레레파 미레도)

"가는 라라라라 가지 되지요~ 나는 라라라라 나비 되지요~ 다는 라라라라 다람쥐 되지요~"

(도도 미미도도 미미 레레도 미미 솔솔미미 솔솔 파파미 도도 미미 레레 미미 레레도)

다음 단계로 마분지를 가로세로 5센티미터씩 잘라 낱글자 카드를 만들었다. 한참을 아이에게 글자인지를 시켜주고 가와 나 두 장의 카드를 놓고 "가는 어디 있나?" 노래를 불러주며 찾게 했다. 아이가 카드의 글자를 다 읽게 되면 다음 카드를 만들었다. 모음을 바꾼 거너더러머버서어……, 그다음은 고노도로…… 순으로.

그 결과 아이는 동화책을 읽으면서 아는 글자를 많이 발견하게 되었고 성취감도 맛보게 되었다. 이 글자놀이로 딸은 23개월만에 책을 읽을 수 있게 되었다.

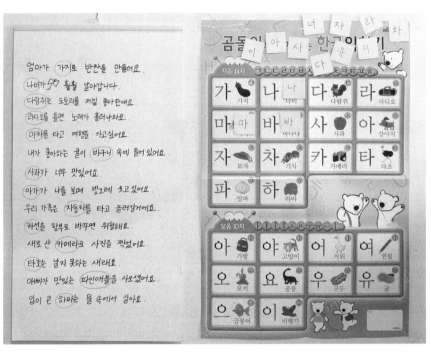

학습지 회사에서 얻은 한글 그림판과 손수 만든 글자 카드를 활용, 두 돌 전에 한글을 깨쳤다.

며칠 전 귀공이가 학교 갔다 와서 말했다.

"엄마, 내 짝꿍이 나보고 질문을 하나 할 테니 맞춰보라는 거예요. '양○○가 우리 누나게? 아니게?' 하는 질문이었는데요. '내가 누나 맞아' 이렇게 말했더니 '우와~ 맞았다' 하는 거예요. 호호호, 근데 걔가 전에 나보고 운동장에서 그 언니가 자기 누나라고 말해준 걸 잊어버렸나 봐요."

귀공이 짝꿍의 누나는 6학년인데 전교회장에 입후보하여 입학 초부터 사진이 교문 입구에 붙어 있었는데 짝꿍이 지나가면서 '이 사람이 우리 누나야'라고 말했나 보다. 누나라는 이야기를 이미 듣고 나서 그 사람은 우리 누나일까 아닐까 하는 질문을 받았으니 귀공이에겐 얼마나 쉬운 문제였을까.

어른들은 답이 보이는 질문이 너무 쉽게 느껴지겠지만 아이들에게 성취감을 주기 위해서는 이처럼 답을 먼저 알려준 다음 질문하는 지혜가 필요하다.

척척박사로 만들어주는
백과사전 놀이

아이들 어렸을 때 주말마다 가까운 어린이 대공원에 갔다. 일주일 내내 다락 하나 달린 단칸방에서 연년생인 두 아이들과 쉴 새 없이 떠들며 부대끼던 나는 주말에 남편이 퇴근하기만 기다려 나가자고 했다.

남편은 참 신기한 구석이 있었다. 집 안에서는 가사일이며 아이들 교육이며 손 하나 까딱 않는 사람인데 밖에만 나가면 정말 자상한 아빠가 되어 나를 쉬게 해주었다.

자동차도 없고 대중교통을 이용해 멀리 가기도 쉽지 않아 두 아이를 유모차에 태워 대공원까지 걸어갔다. 때로는 남편은 나에게 힘들 텐데 그냥 앉아 쉬라 하고 아이들 데리고 공원 여기저기를 다니며 구경도 시켜주고 설명도 해주었다.

아이들에게 공원 구경을 시켜주면서 나는 중요한 교육 원리를 깨닫게 되었다. 아이들은 대공원의 여러 동식물 중에서 그림책에서 본 것들을 대할 때는 실물로 처음 접한 것인데도 마치 오래 보아온 것들처럼 더 친근하게 느끼며 관심을 보였다. 그뿐만 아니라 돌아와서도 동물원에서 직접 본 것들을 그림책에서 찾아보며 좋아했다. 먼저 접한 것들이 다음 학습을 쉽게 해주는 원리, 바로 선행학습의 원리인 것이다.

아이들을 데리고 모든 교육현장들을 다 다닐 만큼 여건이 좋은 부모는 흔치 않을 것이다. 아이들 어릴 때 잠깐 빼고는 늘 일을 가져 바쁜 엄마였던 나는 백과사전을 이용하여 선행학습을 시도하였다. 그림과 사진이 많은 사전식 어린이용 백과사전을 구입했다. '나는 나는 척척박사'라고 공책 앞에 크게 적어주고 매일 두 단어씩 그림을 보고 제목을 적게 하였다. 유치원이나 학교에서 그런 단어를 대하면 생소하지 않게 하고 사물에 대해 호기심을 갖게 하여 자연스럽게 학습동기를 유발해 보려는 게 내 목적이었다.

내 의도는 적중했다. 그림책에서 본 단어들을 대하면 아이는 아는 체를 하며 관심 있어 했다. 아이가 여섯 살이었을 때다. 아이스크림 가게를 갔는데 아이스크림 봉지에 '가리비'라는 글자가 보이자

"엄마, 저 아이스크림은 말예요. 모양이 조개처럼 생겼을 거예요" 하며 백과사전에서 그 이름을 보았다고 설명했다.

어느 날이었다. 그림이나 사진을 보고 제목만 적는 게 단조로웠는지 아이가 새로운 제안을 했다.

"엄마, 오늘부터는요 매일 적는 단어로 문장 이어만들기 놀이를 할 게요."

취학 전이나 초등 저학년 때 백과사전의 그림과 제목을 보아두면 고학년 때 교과학습에 큰 도움이 된다.

나는 딸에게 엄마도 하지 못한 생각을 했다고 기특하다며 칭찬해 주었다.

개구리와 개개비가 나란히 나온 페이지를 적는 날이었다.

그날 밤 퇴근하니 딸은 척척박사 공책에 개구리, 개개비 두 단어를 이용해 다음과 같이 문장을 만들어놓고 잠이 들었다.

오늘 엄마랑 시장 갔다 돌아오는 길에 개개비가 개구리를 잡아먹는 것을 보았다. 내가 개개비보고 뭐라 했더니 개개비가 나를 보고 눈을 흘겼다.

하마터면 부리에 쪼일 뻔했다.

아이가 만든 글을 읽으며 여러 생각을 했다. 강한 동물에게 먹히는 약한 동물을 보호하고자 대항하는 딸의 용기도 보였고 바쁜 엄마와 시장이라도 같이 다니고 싶어하는 딸의 바람도 읽을 수 있었다. 두 단어로 세 문장이나 그럴싸하게 꾸며놓은 딸의 상상력도 놀라웠다. 다음날 딸에게 개개비가 개구리 잡아먹는 동물이냐고 물으니 사전의 제목 아래 있는 글도 늘 읽어보는데 개개비라는 새는 개구리를 먹고 산다고 나와 있었다고 했다. 이렇게 문장 만들기 놀이까지 하며 익혔던 단어가 쉬 잊힐 리가 없다. 훗날 초등학교 4학년 때 개개비가 우리나라 여름철새의 하나라는 걸 배울 때 딸은 다른 아이들과는 다르게 익숙한 단어여서 바로 기억할 수 있었다.

가끔 백과사전에서 익힌 단어만 골라 척척박사 퀴즈대회라고 이름붙인 낱말맞히기 놀이도 하며 아이들에게 여러 용어와 어휘를 접하게 하려고 노력했었다.

그 외에도 바쁜 엄마로서 뭔가 조금이라도 접하게 해주고 알려주고자 애쓴 내 노력은 여러 가지가 있다. 아이의 일기장 아래 두어 줄 글을 달아줄 때도 선행학습의 효과를 궁리하곤 했다. 아이가 기쁜 소식을 적어놓은 일기장 아래 축하의 마음을 무지개 시에 담아주며 아이에게는 어려운 시인의 이름을 굳이 적었다. 훗날 아이가 영국시인 워즈워스라는 이름을 듣게 될 때 한 번 본 이름이기에 처음 대한다는 느낌이 들지 않게 하고 싶었기 때문이었다.

한때는 매일 밤 이야기 한 가지씩을 들려주기도 했다. 감동을 주는 짧은 이야기가 실려 있는 책을 낮에 아이 몰래 읽어놓고 밤마다 하나씩 들려주었는데 어느 날은 미처 이야깃거리를 준비 못해 다급해진 나는 집으로 가는 택시 안에서 기사 아저씨에게 물었다.

"아저씨, 혹시 재미있는 이야기 하나 아시면 알려주세요."

아저씨는 갑작스러운 손님의 요구에 이유를 물으셨는데 내 사연을 들으시고는 정말 좋은 엄마라고 칭찬해주시며 이야기가 생각나지 않는다고 미안해 하셨다. 그날은 아이들 몰래 방에 들어가 내가 구독하던『좋은 생각』이라는 책에서 감동의 사연을 재빨리 읽고 얘기해주었다.

아이는 자주 학교에서 선생님이 들려주시는 이야기 가운데 엄마에게 들어 이미 알고 있는 이야기도 많았는데 그럴 때면 혼자 그 의미를 생각하며 빙그레 웃게 되고 선생님도 많은 이야기를 알고 있는 딸을 신기하게 생각했다고 하였다.

아이 스스로 읽어서도 알고 엄마에게 들어서도 알고 이 세상의 예쁘고 지혜로운 이야기는 온통 다 알아서 지혜롭고 바른 아이로 크게 하고 싶은 욕심이 넘쳤던 엄마를 그래도 재미있어하며 잘 따라준 아이들이 고맙고 감사하다.

딸은 엄마를 기억하면 아주 짧은 시간이라도 재미있는 놀이를 만들어 자기들을 즐겁게 해주었다고 회상했다. 일을 가져 양적으로는 늘 시간이 부족했지만 적은 시간이라도 아이와 함께하는 시간에는 최선을 다해 질적 효용가치를 높이려고 노력했다.

바른 자녀교육에 엄마의 넘치는 시간이 필수조건은 아니다.

must로
이야기 만들기

마냥 어려 보이기만 한 셋째여서 그럴까. 고3인 언니, 알아서 공부하지 않는 오빠에게 신경이 쏠려 있던 때문일까. 아니면 둘이나 그런대로 키웠는데 늦둥이 하나쯤이야 하는 근거 없는 배짱 때문일까. 큰딸 대학 가고 귀공이 초등학교 입학하면서 이제 귀공이에게 신경이 좀 쓰인다. 귀공이가 읽는 책에도 눈길이 가고, 보고 있는 컴퓨터 화면에도 관심이 간다.

Mommy cooks~를 태연하게 "응, 이건 엄마가 국수 삶는다는 뜻이야"라고 해석하는 걸 보았을 때 난 아이가 그냥 혼자 마음대로 생각하게 방치해둔 내 무관심에 미안해하면서도 아이가 귀여웠다.

그런데 귀여운 내 막내의 모습으로 그냥 아이처럼 예쁘게 있어주길 바라는 건 엄마의 이기심이다. 내게는 막내이지만 아이는 우주의 모든 것이 자기중심으로 돌고 있다고 주장할 자기 삶의 당당한 주인이니까. 그리고 난 그런 아이가 자기 삶을 찾아갈 수 있도록 기본은 도와주어야 하는 엄마다.

이제 조금씩 아이가 노는 데 끼어들어 영어학습에 도움을 주려고 작정했다. 귀공이는 인터넷으로 영어동화를 본다. 본다기보다 그냥 이것저것 뒤적이며 논다.

어느 날 저녁 준비를 하는데 영어 한 구절이 들렸다.

"We must find the thief."

좋다. 오늘의 주제는 must.

나는 이제 아이를 cooks=국수로 알도록 방치하지 않고 좋은 엄마가 될 거라고 다짐하며 귀공이 옆에 앉았다.

"귀공아, 오늘은 엄마가 must라는 단어를 알려줄게. 나는 학교 간다가 뭐지? 그래 I go to school이지? 간다라는 말의 go 앞에 must를 붙이면 나는 학교에 가야 한다가 돼. 나는 노래한다는 I sing이지? I must sing하면 나는 노래해야 한다가 되겠지? 그럼, 나는 달린다가 뭐더라?"

"맞아, 맞아. I run이지? 그럼 나는 달려야 한다가 뭘까? 우와, 맞았어요. I must run."

다행히 쉬운 동사를 귀공이가 몇 개 알아서 쉽게 그 쓰임을 설명해주는 데 성공했다. 다음은 실전 연습 돌입!

"자 그럼, 귀공아. 아무리 깨워도 안 일어나고 게으름뱅이 소처럼 늦잠꾸러기가 된 언니에게 '일찍 일어나야 한다!'라고 말하려면 어떻게 하는 줄 알아? 'You must get up early!'라고 소리치는 거야. 이제 언니 늦잠 자면 가서 그렇게 말해야 돼. 알았지? 그리고 아빠는 담배를 끊으셔야 하니까 아빠께는 어떻게 말해야 할까? 앞으로 귀공이는 아빠가 담배 피우시려고 하면 'You must stop smoking!' 이렇게 말해. 그리고 오빠는 공부를 열심히 해야 하니까 어떻게 말해야 할까? 그래. 'You must study hard!'라고 하자. 그리고 엄마에겐⋯."

귀공이가 주인공이 되어 가족에게 한 마디씩 할 수 있는 쉬운 문장을 즉석에서 만들었는데 엄마에겐 어떻게 말하라고 시켜야 할지 순간 생각이 안 났다. 엄마는 늦잠을 자지도 않고, 담배도 안 피우고, 공부를 열심히 해야 하는 것도 아니고.

난 수다쟁이고 잘나지도 못했으면서 잘난 척하기 좋아한다고 한 남편 말을 빌리면 "당신은 좀 잘난 척하지 말고 겸손해야 한다" "당신은 수다를 떨지 말아야 한다"라는 말을 해야 맞는데 그러면 귀공이에게 너무 어려운 표현이 된다.

잠시 고민하고 있는데 이 상황을 파악한 큰딸이 어느새 제 방에서 듣고는 톡 튀어나와 깔깔깔 웃으며 말한다.

"마미, 뭘 그리 고민하시나요? 귀공아, 엄마에겐 말야, 이렇게 말해라. You must diet!"

영어단어와 친해지는
퀴즈놀이

생각해보면 딱히 아이들에게 체계적으로 영어공부를 시킨 적은 없다. 학원을 보낸 적도 없고 그렇다고 끼고 앉아 가르치지도 않았다. 영어를 배워야 하는 공부가 아니라 놀이대상으로 삼아서 틈만 나면 영어를 데리고 같이 놀았던 것 같다.

아이들이 아주 어렸을 때 가족끼리 나들이를 가면 자동차 안에서도 나는 영어를 게임도구 삼아 놀았다. 승부욕이 강한 아이들은 지쳐 늘어져 있다가도 "척척박사 퀴즈대회하자" 하면 눈을 반짝반짝 빛내며 허리를 폈다. 여행갈 때 빠뜨리지 않고 챙겨넣는 흰 종이와 볼펜을 꺼내 별것도 아니면서 이름만 거창하게 붙인 대회를 시작한다.

"자, 일 번 문제 나갑니다. 잘 듣고 우리말에 알맞은 영어를 고르는 문제입니다. 객관식입니다. 비가 온다는 ① It is rainy, ② It is snowy, ③ It is windy, ④ It is cloudy."

영어가 뭔지도 모르는 두 아이는 아무거나 찍어댄다. 연년생에 둘 다 영어는 맹탕이니 누나, 동생 차이가 있을 리 없다.

순발력이 누나보다 앞선 동생이 먼저 "저요" 해서 발언권을 주면 "3번" 한다. 틀렸다고 내가 "땡" 하면 그 틈에 누나가 "4번" 한다. 다시 "땡" 하면 동생이 "그럼 1번" 해서 "딩동댕~" 울려주는 게임인데 4지선다형 문제에서 세 번만에 정답을 골라놓고도 으쓱대는 폼이란 참으로 귀엽지 않을 수 없다.

이때 주의할 것이 있다. "넌 어쩜 rainy가 비 오는 거라는 걸 알았어? 잘했다, 얘. 누나가 말한 cloudy는 구름이 끼었다는 뜻이야" 하면서 영어단어를 아이들이 눈치 못 채게 여러 번 들려주어야 하는 걸 잊으면 안 된다.

"다음 문제 나갑니다. My mother is beautiful은 무슨 뜻일까요? ① 우리 엄마는 뚱뚱하다, ② 우리 엄마는 마음씨가 고약하다, ③ 우리 엄마는 머리가 나쁘다, ④ 우리 엄마는 아름다우시다."

누나를 제치고 정답을 확신하는 듯 동생이 고막 터질 듯한 큰 소리로 "저요!" 한다.

"정답은 4번입니다."

"와, 놀랍습니다. 이렇게 어려운 문제를 어떻게 그렇게 금방 맞추

나요? beautiful이 보통 긴 단어가 아닌데, 영어박사시군요?”

놀라는 표정으로 듬뿍 칭찬을 한다.

“헤헤헤…. 엄마가 엄마를 나쁘게 말했을 리가 있어요? 좋은 건 4번밖에 없었잖아요.”

아들 녀석은 잔머리의 대가다. 그때부터 잔머리 굴리는 폼이 심상치 않더니 역시 커서 뺀질이가 돼버렸다. 재미있는 건 그 게임을 두어 번 하면 ‘rainy’ ‘beautiful’은 안 잊고 기억한다. 생각해보면 그것도 일종의 영어 언어샤워가 아닐까 싶다.

영어교수법에는 두 가지 방법이 있는데 ‘top-down 방식’과 ‘bottom-up 방식’이 그것이다.

‘bottom-up 방식’은 각각의 단어를 모두 가르치고 적당한 문법규칙에 따라 바른 문장을 구성하는 방식인 데 반해 ‘top-down 방식’은 문장 속에서 부분을 느끼게 하고 가르치는 방식이다. 난 공부하듯이 지겹게 언어를 접하게 하고 싶지 않아 처음부터 문장으로 데리고 놀면서 운 좋으면 한 단어씩 기억하게 하는 방법으로 영어와 친하게 해주었다. 어느 날 보니 이런저런 방법으로 놀고 있는 사이에 아이들은 꽤 많은 단어를 알고 있었다.

주격 인칭대명사의 종류를 알려주고 싶으면 이렇게 문제를 냈다.

“자, 다음 문제입니다. ‘그 남자는 잘생겼다’를 영어로 말하면 무엇일까요? ① I am handsome, ② You are handsome, ③ She is handsome, ④ He is handsome."

　'handsome'이라는 단어가 반복되면서 자연스레 '잘생겼다'는 표현과 연결하게 되며 인칭대명사를 바꿔가며 나열하면서 여러 가지를 접하게 했다. 놀이이니만큼 쉽고 재미있어야 하니 객관식이 부담 없이 편해서 좋고 또 "땡!" "딩동댕~" 소리도 실로폰 소리처럼 명랑하게 내주면 금상첨화다. 남편은 아이들이 엄마의 음흉한 계략(?)에 빠져 허우적댄다며 쯧쯧 혀를 찼다. 말은 안 했지만 남편은 아이들과 어울려 놀이인지 공부인지 모르는 방법을 즐겁게 만들어내는 나를 신기하게 바라보는 것 같았다.

　나는 아이들 교육을 방문교사에게 맡기고 우아하게 교양서적 읽으며 침묵하는 젊은 엄마들을 보면 선배로서 진심으로 이런 말을 해주고 싶다.

　"나중에 애 좀 자라고 나서 고상하시고 지금은 아이에게 좀 많이 떠들어주세요."

아이의 **작은 질문에**
크게 반응하자

아이 엄마로서 내가 생각해도 칭찬을 받을 만한 내 모습 가운데 하나는 아이들의 질문을 크게 생각한다는 것이다.

아이들이 네 살, 다섯 살이었을 때다. 퇴근하여 늦게까지 아이들과 그림책을 보고 있었다. 여러 가지 탈 것들에 관한 그림책이었는데 갑자기 아들이 물었다.

"엄마, 자가용하고 택시는 모양이 어떻게 달라요?"

갑작스럽게 아이의 질문을 받은 나는 두 아이에게 옷을 입혔다. 아이에게 자가용과 택시를 비교해서 보여주기 위해서였다. 그 당시 우리 집엔 자가용이 없었고 또 택시가 다니는 큰길이 안 보였기에 늦은 시간에 두 아이를 데리고 현장교육차(?) 나가려 하자 거실에서 텔레비전을 보던 남편이 내일 날 밝으면 나가라고 호통을 쳤다. 나는 어른들이 아이들의 사소한 질문이라도 성의껏 답해주려고 노력할 때 아이들이 새로운 질문을 하고 싶은 마음을 가진다고 굳게 믿고 있었다. 그래서 남편에게 걱정스러우면 보디가드로 따라가자고 부추겨 끌고 나갔다.

택시는 자가용과 두 가지 면에서 달랐다. 택시는 자동차 위에 뚜껑이 달려 있고 번호판 색깔이 달랐다. 자가용의 번호판은 초록 바탕에 흰색 글씨인데, 택시는 반대로 흰색 바탕에 초록색 글씨로 되어 있었다.

크게 새로울 것도 없었지만 자기들의 질문 하나에 답하기 위해 엄마, 아빠가 보여준 정성을 아이들이 감사하게 생각했을 거라 믿었다.

아이들은 자신들의 질문에 근사한 대답을 요구하지 않으며 어려운 원론적 답변을 이해하지도 못한다. 다만 자기들의 질문을 엄마가 무시하지 않고 인정하여 받아주고 기특하게 봐주는 것만으로도 만족한다.

한 번은 회사 다니는 친구가 퇴근 무렵 전화를 했다. 아침에 출근하는데 딸이 "안개는 왜 생기냐"고 묻기에 몰라서 알아보고 나중에 가르쳐준다고 했는데 혹시 왜 그런지 아느냐고 물었다. 나는 간단하게 찬 공기와 더운 공기가 만나서 생기는 뿌연 현상이라고 설명해주라고 했다. 내가 아이들 키우는 엄마이니 내 아이들이 질문했던 것이면 나도 알고 있을 거라고 생각했나 보다. 깊은 원리는 나도 알지 못하고 여섯 살 된 아이에게 설명해줄 필요도 없다. 그렇다고 전혀 틀린 말을 해줄 수는 없으니 그 정도로만 말하라고 했다. 다음날 친구는 전화해서 고맙다고 했다. 아이가 머리를 끄덕이면서 '그렇구나' 했다고. 엄마가 답을 알아와서 가르쳐주어 정말 고마워하는 표정이었다고 했다.

작은 질문이라도 크게 받아 함께 생각해주려는 엄마의 모습은 아이들에게 끝없는 호기심과 탐구심을 갖게 해준다. 나는 아이들이 질문을 하면 어떤 일을 하고 있더라도 모두 중지하고 아이들에게 달려갔다. 가스 불을 끄고 고무장갑을 벗고 수돗물을 잠그고서. 아주 급한 일이 아니면 '조금만 있다가' 라는 말도 하지 않았다.

직장에 다니는 사람이 집에 오면 구석구석 널린 일거리 때문에 아이들 옆에 앉아 지켜볼 수만은 없다. 난 국어와 마찬가지로 논리력과 깊은 사고력을 기를 수 있는 수학 학습이 중요하다 여겨 초등수학의 기초학습에 신경을 많이 쓴 편이다. 그래서 개념부분을 꼼꼼하게 이해시키려고 직접 하나하나 설명해주었다. 필요하면 모형도 만들고 그림도 그리면서 아이가 확실히 이해할 수 있게 지도할 수 있는 사람은 엄마밖에 없다고 믿었기 때문이다.

내 편한 대로 생각한다는 걸 아이들 공부지도하면서 또 알았다. 어려운 수학문제를 가르치는데 아이가 너무 잘 알아들으면 '이 녀석 진짜 똑똑하네' 하며 속으로 신났다. 그런데 아무리 설명해도 잘 못 알아듣는 문제에 부딪히면 답답하고 짜증이 나는 게 아니라 속으로 안

도의 한숨이 나왔다. '선생님이 이 문제 가르치시다가 우리 아이가 이렇게 잘 못 알아들으면 얼마나 답답해하실까. 아마도 멍청한 아이라고 속으로 생각하실지도 몰라. 휴, 다행이다. 내가 조금이라도 먼저 가르쳐서 보내야지' 하는 생각이 들었다.

수학은 특히 매일 거르지 않고 습관처럼 공부하는 게 중요하다. 새나라의 어린이 귀공이는 일찍 일어나 아침에 잠시 나와 함께 수학공부를 한다. 수학공부라고 해봐야 기본교재 한 권 사서 설명해주고 풀게 하는 것이지만 기초과정을 확실하게 이해하는 것이 얼마나 중요한지 사교육 받지 않고 수학을 즐겁게 공부한 큰아이의 선례를 봐서 알고 있다.

기본개념을 설명해주고 귀공이가 문제를 풀 동안 나는 눈치껏 부엌을 드나들며 아침을 준비한다. 귀공이와 나는 문제를 풀다가 해결이 잘 안 되면 "Help me!" 하고 암호를 외치기로 했다. 그러면 나는 하던 일을 멈추고 달려가 도와준다. 그리고 한 페이지가 끝나면 "Finish!"라고 외치는데 이 경우도 재빨리 달려가 채점을 해준다. 아이들은 틀린 문제를 빨리 해결해주어야 머릿속에 틀린 답을 오래 갖고 있지 않는다.

가끔 엄마가 수학을 잘 풀 줄 알아야 수학공부를 지도해줄 수 있지 않느냐고 묻는 분들이 있는데 아이들은 초등학교 저학년까지 학습습관만 제대로 잡아주면 모든 걸 혼자 알아서 해결해 나갈 수 있다.

수학에 자신이 있는 아이는 교사에게 물을 수도 있고, 무료로 이용할 수 있는 인터넷 학습 사이트도 많다. 중요한 건 초등학교 저학년까지 적극적으로 학습에 임할 수 있는 자세와 독서를 기본으로 한 이해능력만 갖추면 된다. 이때 부모는 어린 나무인 아이가 혼자 바로 설 때까지 곁에서 정성껏 물을 주며 기르는 버팀목 구실을 해야 한다.

집중력과 사고력을
키우는 동시 퀴즈

아이들과 나들이를 할 때면 늘 메모지와 볼펜을 준비한다. 길이 막히지 않을 때에는 가는 길, 오는 길 덜 지루해 다른 노력이 필요하지 않지만 주말이나 피서철에 행렬이 줄을 잇는 경춘선 도로를 따라가려면 지루함을 덜기 위한 놀이거리를 준비하는 게 필수다.

몇 년 전 여름, 가족과 모처럼 외식하러 가까운 교외로 나가던 날 나는 『동시나라 가는 길』이라는 시집과 메모지, 볼펜을 준비했다. 피서행렬로 길이 막혀 차가 꿈쩍도 하지 않자 나는 시집을 펼쳐들고 말했다.

"자, 오랜만에 엄마가 낭송해주는 시 듣고 제목 알아맞히기 대회를 시작한다."

엄마 닮아 성취동기가 강한 아이들은 늘어져 있다가 갑자기 긴장하는 자세로 바꿨다.

나는 우리나라 대표동시 150편이 실린 시집에서 그럴듯한 시를 골라 감정을 최대한 잡고 또박또박 읽었다.

"아스팔트 위를 비에 젖은 목소리가 달리고 있다.

신문을 안은 아이의 젖은 가슴을 타고 까만 글자들이 흘러내리고 있다.

신문이오! 신문. 비 숲 사이로 기어나오는 가냘픈 외침으론 먼 해님을 깨울 순 없다. 비는 자꾸 오는데

오늘따라 왠지 엄마가 보고 싶은데 아이는 소리를 뿌리며 비 숲을 달리고 있다."

잔머리 굴리기 대가인 아들이 먼저 손을 번쩍 들고 말했다.

"저요. 신문팔이 아이."

생각 많은 딸아이는 머뭇거리며 말했다.

"저는 음, 그냥 신문팔이."

"나는 그리운 엄마!"

운전을 하던 남편까지 끼어들었다.

"정답은 짠! 신문팔이 아이입니다."

아들이 맞혔다. 딸은 아들이 먼저 말해 똑같은 대답을 피하고 싶어 괜히 ' 아이' 글자를 뺐다고 투덜댔다. 그래도 결과는 결과니 다음에는 그러지 말아야지 하며 구시렁거렸다.

아이들은 제2라운드를 시작하라고 성화였다. 이러다 보면 길이 막혔는지 우리가 어디로 가려는지도 잊고 '생각하기 놀이'에 푹 빠져버린다. 시의 제목은 시의 소재가 될 수도 있고 주제가 될 수도 있으므로 시를 잘 파악해야 골라낼 수 있다. 이런 사실을 아는 나는 단 한 번 읽어주는 시를 듣고 나름대로 알고 있는 지식을 총동원해 제목을 맞히려는 과정에서 집중력과 이해력과 사고력을 기를 수 있다고 생각했다. 수능에 여섯 문제나 출제되는 국어 듣기능력도 다른 사람의 말을 잘 듣고 이해하는 능력을 평가하는 것이니 결국은 놀고 즐기면서 한편으로는 공부도 되는 셈이다.

일전에 시골 부모님께 가면서 마치 여행 가듯이 보온 물통에 커피 믹서까지 챙겨 나오니 나들이하는 차림에 나들이 기분 낸다고 남편이 웃었다. 인생은 순간을 음미하는 여행이라고 누가 그랬다. 여행 또한 목적지를 향해 가는 의미 없는 과정은 결코 아닐 것이다. 집을 나서면 가고 오는 순간도 즐거운 여행길의 과정이므로 차 안이나 길에서 보내는 자투리 시간도 가족과 함께 추억의 장으로 만들어보면 어떨까 생각해본다.

놀면서도 공부맛 들이는 취학 전 교육법

1. 많이 들려준다.

아이가 태어나면서 가장 먼저 제공할 수 있는 자극은 청각이다. 언어습득의 순서도 많이 듣는 것이 우선이니만큼 엄마가 아이 곁에서 종달새처럼 떠들어주면 아이의 뇌가 발달된다.

2. 많이 보여준다.

집 안 구석구석 아이 눈이 닿는 모든 곳에 온갖 그림을 붙여라. 아이는 어디서든 한 번 본 사물을 다시 대할 때 관심을 가지며, 이렇게 선행된 인지학습은 다음 단계의 학습시 그 효과가 배가한다.

3. 손·발 등 신체부분을 주물러주거나 만져주어 자극한다.

손과 발은 뇌의 각 부분과 연결되어 있다고 한다. 목욕 후 손·발을 눌러주거나 주물러주는 등 자극을 가하면 아이의 뇌에 산소가 공급된다. 또한 신체적 접촉은 부모와 자식 간의 정서적 유대감과 일체감을 가져다준다.

4. 생각할 수 있게 긴 대답과 긴 질문을 하는 습관을 가진다.

아이와 대화할 때는 가능하면 풍부한 어휘를 쓰도록 노력하고 긴 문장의 대답을 유도하려고 애쓴다. 주고받는 일상적인 말 속에서 생각하는 언어습관이 길러진다.

5. 색종이 접기나 만들기 공작 등 손가락 운동을 한다.

손가락 끝은 뇌와 바로 연결되어 있으므로 손으로 하는 놀이나 창작
활동은 뇌 발달에 크게 도움을 준다.

6. 노래를 많이 불러준다.

노래는 기억력을 증진시켜주며 아울러 정서적인 교육도 함께 할 수
있으며 공부를 즐거운 놀이로 연결할 수 있다.

7. 일찍 한글학습을 시켜라.

언어를 깨치는 건 사회적 탄생을 말한다. 또한 언어학습 과정에서 접
하게 되는 모든 교육적 자극들은 아이의 뇌 발달로 이어지게 된다.

8. 창의적인 놀이를 시도하라.

단어를 이어 문장 만들기, 돌아가며 문장 만들기 놀이 등 새로운 것
을 만들고 생각해내는 놀이를 한다.

9. 수학놀이는 최상의 지능계발 프로그램이다.

수 학습은 딱딱한 이론보다는 생활 속에서 몸으로 놀이로 느끼도록
해주고 아이가 이해하면 아이에 맞춰 앞으로 나간다. 수학놀이는 아
이의 지능계발을 위한 최상의 교재다.

10. 언어샤워에 흠뻑 젖게 하라.

수다쟁이 엄마에게서 영리한 아이가 나온다고 한다. 샤워기 꼭지를
항상 아이에게로 향하게 두고 즐겁게 뭔가를 얘기하자. 아이의 지능
은 언어의 물을 머금고 쑤욱쑤욱 자란다.

3장

열 살 전까지
공부습관을 완성하라

모든 공부의 **기초,**
다독 · 다작 · 다색

학년이 높아질수록 모든 과목의 기초가 되는 건 국어다. 영어지 문도 해석을 하고 나면 국어 문제가 되어 주제를 찾고 이전 말과 이후 말도 추론해야 한다. 수학도 문제를 이해하지 못하면 수학적 접근 이전에 좌절하고 만다. 역사책 또한 우리말 해독력이 없으면 읽어내기 어렵다.

탁구나 배구 선수들이 탁구나 배구 기술을 연습하는 시간 못지않게 기초체력을 단련하기 위해 늘 달리기를 하는 것처럼 공부를 잘하려면 기초가 되는 국어를 공부해야 한다. 국어실력을 높이는 가장 간단한 방법은 다음 세 가지로 요약된다. 다독(多讀), 다작(多作), 다색(多索). 많이 읽고 많이 쓰고 많이 생각하면 아이의 국어실력은 반드시 좋아진다고 나는 믿는다.

나는 독서토론, 국어학원, 국어과목 학습지 등 사교육은 한 번도 시켜본 적 없고 오로지 세 가지 방법으로 국어실력을 키워주었다. 우선 일기쓰기로 다작과 다색 능력을 길러주었다. 보통 일기쓰기는 학교숙제로 하고 논술학원에서 따로 글쓰기를 하는데 이것은 정말 옳지 못한 방법이다.

나는 모든 교육의 초점을 학교에 맞췄다. 논술 사교육의 장에서 글짓기를 하고 돌아온 아이에게 일기를 제대로 쓸 기운이 남아 있지 않을 거라 생각했기 때문이다. 그래서 일기장을 논술공책처럼 생각하게 하여 일기에 독후감, 평론, 편지 등 모든 장르를 다 넣게 하였다.

나는 매일 아이가 쓴 일기를 읽고 난 후 내 생각을 적어주었다. 그렇게 함으로써 아이가 일기를 즐겁게 쓸 수 있게 격려하는 동시에 다른 각도로 느끼고 생각할 수 있다는 것을 보여주고 싶었기 때문이다. 그리고 무엇보다 엄마가 늘 바쁘지만 딸의 생활을 관심 있게 지켜보며 함께한다는 것을 느끼게 해주고 싶었다.

딸은 6년간 하루도 빠뜨리지 않고 매일 한 편씩 일기를 썼다. 이것은 학교 선생님께 칭찬받으며 '다작'을 실천할 가장 좋은 방법이라 생각한다.

일기는 다작뿐 아니라 다색도 같이 하게 해준다. 매일 크게 다를 것 없는 일상이지만 일기를 쓰면서 딸은 신기하게 매일 다른 글감을 찾아낼 줄 알게 되었다. 친구가 하는 말 한 마디, 행동 하나도 글감이 되어 생각을 더할 줄 알게 되었고, 감동 깊게 읽은 책의 한 구절, 동생의 말 한 마디도 생각의 날개를 달고 그날 밤 일기장에서 화려하고 어여쁘게 그려졌다. 매일 적어야 하는 일기는 늘 생각하는 습관을 길러주기에 꼭 필요하다는 것을 강조하고 싶다.

다독은 이렇게 지도했다. 다섯 살부터 초등학교 저학년까지 매일 의무적으로 책을 읽게 하였고 공책에 읽은 책의 제목을 적게 하였다. 독후감을 쓰게 하거나 책 내용, 자기의 생각을 꼬치꼬치 물으면 아이들은 책을 읽을 때 다음 순서로 뭔가를 기록하고 질문에 응해야 한다는 부담을 느낄 수 있다. 그래서 나는 책을 읽은 날짜와 제목만 매일 적게 하였다.

공책이 다 채워지면 공책끼리 풀로 덧붙여주어 읽은 책의 부피가 늘어감을 느끼게 하여 아이 스스로 성취감을 맛보게 해주었다. 아이가 초등학교 3학년 때 담임선생님이 이 방법을 아이들에게 알려주고 그렇게 하도록 하였다. 딸이 선생님께 "전 집에서 이미 그렇게 하고 있는데 다른 공책에 따로 해야 하나요?" 하고 물었더니 선생님은 이전에 썼던 딸의 공책을 가져오라고 하셨다. 다음날 딸이 가져간 공책들을 보고 선생님께서는 이렇게 오랜 시간 책읽기를 해온 아이라 공부를 잘하고 이해력이 높다고 친구들에게 칭찬하셔서 딸이 친구들 앞에서 우쭐했던 경험도 있다. 선생님도 이 방법이 옳은 독서 방법이라 생각하셨나 보다.

초등학교 저학년 때 이런 습관을 들이면 어느새 책읽기가 몸에 익숙해지고 또 읽기의 즐거움도 알게 되어 고학년 때는 그냥 두어도 스스로 책읽기를 좋아하는 아이가 된다. 그런데 생각해보면 이 방법은 아이랑 늘 같이 있지 못하고 저녁 늦게야 만나 아이의 독서경향이나 독서량을 파악하지 못하는 엄마인 내가 눈으로 확인해볼 수 있는 자료도 되었다.

이렇게 일기를 통해 다작과 다색을 하게 하고, 책 읽고 제목 적기를 통해 다독하게 한 것이 국어지도의 전부다. 그러다보니 글짓기 학원 근처에 안 갔어도 늘 학교대표 글짓기 선수였고 서울시 대회 등 각종 대회에서 글짓기상을 여러 차례 수상했다.

딸에게 일기쓰기를 즐겁게 하도록 해준 작은 사건이 있었다. 그건 해마다 소년한국일보에서 주최하는 '전국 어린이 일기쓰기'에 응모한 경험이다. 해마다 4월에 한 달분 일기를 복사하여 신문사로 보내면 심사하여 상을 주었는데 딸은 상을 여러 번 수상하였다. 그건 일기를 열심히 씀으로써 얻게 되는 부수적인 기쁨으로, 아이의 일기쓰기를 신나게 해주는 작은 격려가 되었다.

세상에 하나밖에 없는 아이만의 역사책을 만들어줄 수도 있고, 많이 생각하고 편안하게 글쓰기 훈련까지 해줄 수 있는 방법인 일기쓰기. 아이를 밝고 지혜롭게 키우기 원하는 엄마들에게 나는 진심으로 이 방법을 권한다.

일기쓰기를 즐겁게 만드는
파란색 꼬리글

대학 전공과목의 하나인 영작문 지도교수법 시간에 여러 가지 주의해야 할 지도법을 배웠는데 그 가운데 마음에 강하게 남아 있는 것이 하나 있다. 영작문을 지도할 때 학생들이 쓴 글을 교사가 붉은 줄로 죽죽 긋는 것은 좋은 방법이 아니라는 거였다. 붉은색 펜으로 거침없이 줄이 그어진 리포트를 받으면 수치심을 느껴 자신감이 떨어진다고 한다.

아이들 일기지도를 할 때 그 말이 떠올라서 꼬리글이나 받침 교정 시 붉은색을 사용한 적이 거의 없다. 대신 내 필통 속엔 파랑, 보라, 주황, 분홍, 초록, 갈색 같은 알록달록하고 예쁜 여러 가지 색펜이 늘 준비되어 있었다. 그 펜으로 꼬리글도 적어주고 하트 모양, 나뭇잎

모양 그림도 그려주고 잘못 쓴 글씨를 교정해주기도 하였다.

　일기의 주인은 아이이므로 아이의 글을 절대 비난해서는 안 되며 엄마의 생각을 조심스럽고 수줍게(?) 덧붙여주어야 한다. 일기 내용이나 표현이 엉성한 초등학교 저학년의 경우 옆에서 지켜보는 게 너무 답답해서 부모가 글을 불러주거나 내용이 마음에 들지 않는다고 지우는 경우도 있는데 이런 행위는 절대 안 된다. 내용이 어떻든 아이가 생각한 것은 최상으로 평가받아야 하며 타인의 근사한 생각과도 비교하거나 대체하면 안 된다. 일기를 쓰면서 아이 스스로 느끼면서 발전하게 하는 것이 좋다.

　어떤 엄마들은 선생님이 엄마의 글을 보니까 쑥스럽다고도 하고 선생님이 아이 글 아래 격려의 꼬리글을 달아주니 굳이 엄마가 첨가할 필요가 없다고도 한다. 이 경우 나는 확신에 차서 말한다. 선생님마다 교육방침이 다르므로 선생님에 맞춰 일기지도를 하면 일관성이 없어 제대로 일기지도를 할 수 없다. 또한 선생님은 일기에 답글을 달아주는 것의 효과를 알고 정성껏 써서 격려해주려 노력하지만 다른 업무도 많은 선생님이 반 아이들 일기를 모두 읽고 답글을 달아주기는 여간 어려운 일이 아니다. 엄마만큼 아이들 생각을 헤아려 격려하고 칭찬의 말을 적절하게 해줄 사람은 없다.

　초등학교 저학년일 때 아들의 담임은 자주 아이들 일기에 꼬리글을 달아주며 격려해주시는 다정한 선생님이셨다. 어느 날 아들의 일기는 '오늘은 놀이공원에 가기로 한 날이다'로 시작해서 결국 '사정이 생겨 가지 못했다'로 마무리되었다. 그날 선생님은 '오늘 놀이공원 가서 즐거운 시간을 보냈구나'라고 답글을 적어주셨다. 첫 줄만 읽고 내용은 채 읽지도 못하고 적어준 답글이었다. 선생님의 답글이 무성의하다고는 생각하지 않았다. 얼마나 바쁘셨으면 그랬을까 하는 생각과 함께 선생님 혼자 40명 가까운 아이들을 꼼꼼히 챙긴다는 것이 현실적으로 불가능함을 다시 한 번 깨달았다.

일기를 쓰는 횟수에 대해서도 여러 가지 의견이 있는데 나는 매일 쓰는 것을 원칙으로 했다. 일기지도가 초등학생들의 인성교육이나 기타 학습 면에서 큰 효과를 얻을 수 있다는 사실은 교사나 학부모 모두 잘 알고 있다. 그러나 아이들의 생활이 비교적 단조로워 쓸거리가 없다는 이유로 주 3회만 의무적으로 쓰게 하거나 주 2회, 심지어는 일주일에 한 번만 일기를 근사하게 쓰라는 선생님도 있다.

나는 이에 반대한다. 일기를 쓰는 목적은 근사한 소재로 근사한 글을 쓰는 것은 아니다. 아이들은 매일 뭔가를 적어가면서 글을 쓰는 것에 익숙해진다. 이렇게 함으로써 국어교육의 하나인 다작이 어렵지 않게 이루어지는 셈이다. 또한 매일 쓰다 보면 단조로운 일상 속에서 신기하게도 글감을 찾아내게 된다.

1998 년 1 월 8 일(목) 날씨:눈

주제 : 한 폭의 그림

아침에 일어나서 옷을 입고 있자니, 동민이가 "으

눈이다!" 하고 외쳤다.

그래서 나는 유리창 쪽을 보았다.

정말 하얀 눈이 마당과 나뭇가지를 싹 덮고 있어

서 한 폭의 그림 같았다.

엄마도 정말 아름답다며 땅만 있으면 이사를

놓는데 거기가 너무 아깝다고 하셨다.

그리고 눈이 이 그대로 계속 유지하였으면 좋겠다

는 말 덧붙여서 말이다.

조금 있다가 나는 동민이와 방학특강을 하러 학교에

갔는데, 가는 도중에 눈 보니 동민이와 눈사람도 만들고

눈싸움도 하고 싶었다.

"눈아, 눈아, 더, 더 많이 내려라!"

정말 깜짝놀랄만치 아름다운 설경이어서 엄만 넋이 나갈 지경이었다.

하지만 아빠의 말씀에 금방 반성하고야 말았지. 내 감상적인 벗나감에서.

"이렇게 눈이 내리면 많은 사람이 오가는데 얼마나 불편할까.

알	혹 눈피해라도 있은것은 아닌지 걱정되네 "	
림	그래서 엄마가 금방 이렇게 맘을 바꾼것 들었니?	
장	"땅위에 있는 눈은 다 녹고 나뭇가지 위의	하얀눈만 남았으면 좋겠어요 "

♣ 우리의 생활 약속 : 놀이거그나 화장실을 사용할 때에 차례를 지킵니다

아이의 일기에 다정한 꼬리말을 달아주면 아이는 엄마의 사랑을 느끼게 되어
더욱 일기를 열심히 쓰게 된다.

1998 년 1 월 9 일(금) 날씨: 맑음

주제 : 소중한 내 입술

나는 며칠 전 부터 입술이 트기시작하여 이젠 입술이 부어서 조금 커졌다.

입술이 커지니 얼굴도 미워지는것 같아 입술이 튼 것을 거울로 볼때 마다 마음이 아프다.

엄마도 입술이 커져서 밉다고 입술에 바르는 약을 매일매일 발라라고 하셨는데, 난 지금까지 미루다 오늘 보니 저이상 미룰 수가 없어서 지금 막 약을 발랐다.

그리고 이번 기회에 입술에 대한것을 확실히 알아보기 위해 사전을 찾아보았는데 제일 기억에 남는 것은 입술은 발음을 정확하게 할수 있도록 도와 준다는 것이다.

나는 입술이 그런 필요한 역할들 하는지 모르고 있었는데, 이런 좋은 역할을 하다니.

이제부터는 내 소중한 입술을 잘, 조심해서 관리 해야 겠다.

입술 약도 자주 바르고.

알 림 장	🍴 입술의 소중함을 깨달았구나.	
	하지만 우리몸에서 소중한 것이 어디 입술 뿐이겠니? 어디든 소중하지 않은 부분이 없단다.	

그리고 옛말에 「身體髮膚受之父母」라는 말이 있단다. 몸과 머리털 피부는 부모에게서 받은것 이므로

🔔 오늘의 생활 약속 : 교실에 들어오거나 나갈 때에는) 차례를 지킵니다. 우리가 소홀히 해서는 안된다는 뜻이야. 우리몸을 소중히 하도록 하자.

불강해논

딸이 초등학교 3학년 때 쓴 일기의 한 토막이다.

학교에서 돌아오는데 누군가 자꾸 나를 부르는 것 같아 뒤를 돌아보았다. 돌아보니 아무도 없었다. 대신 눈부시게 빛나는 개나리만 보였을 뿐. 아마도 나를 부른 건 봄아가씨였나 보다.

그날 딸은 하굣길에 줄지어 핀 개나리를 본 감상을 일기에 적었다. 남편과 나는 꼬마시인이 탄생했다고 박수를 치며 칭찬해주었다. 학교 교정의 은행나무를 보고도 느낌이 있을 수 있고, 친구와 주고받은 말에도 글감이 들어 있으니 작은 일상에서도 의미를 부여하며 생각할 수 있는 다색을 얻고 싶다면 가능한 한 자주 일기를 쓸 수 있게 격려하는 게 좋다고 생각한다.

결코 쉽지 않은 일기쓰기를 한결같이 꾸준히 해낸 후 아이가 느끼는 성취감은 상상할 수 없이 크다. 딸은 훗날 자기 삶의 가장 큰 에너지원인 지구력과 인내력을 초등학교 시절에 일기를 쓰면서 길렀다고 말했다.

일기는 잘못된 받침이나 어색한 표현 등을 지도해줄 수 있는 좋은 학습도구이기도 하다. 초등학교 1학년 일기를 처음 쓰기 시작했을 때 딸은 받아쓰기는 잘해도 일기에는 틀린 글자투성이에 문장 구성도 엉망이었다. 나는 틀린 글자나 어색한 문장 앞에 파란 펜으로 밑줄을 긋고 자그마하게 번호를 매겼다. 그리고 일기장 아래에 바르게

108

고쳐주었다.

예를 들어 "내가 아침에 교실에 들어가려고 실래화를 신을 떼"라는 문장을 일기에 쓰면 틀린 글자 앞에 조그맣게 번호를 차례대로 매겨 "①은 실내화라고 써야 맞단다" "②는 때라고 써야 한단다"라고 하나하나 적어주었다. 가끔은 나도 헷갈리는 맞춤법이 있었다. 그래서 아이들 일기지도하면서 국어사전을 끼고 살았다. 한 번 지적해준 걸 또 틀리기도 하는데 그건 아이가 잘못된 표현에 이미 익숙해진 경우다. 이런 경우에도 화내지 않고 또 고쳐주었다. 가끔 "아이고, 또 틀리셨네요, 공주님" 같은 표현을 애교삼아 적어주면 아이는 빨리 올바르게 쓰는 방법에 익숙해지려고 노력했다.

아이들의 일기책은 아이들이 되돌아보며 휴식을 취할 수 있는 마음의 고향이다. 중·고등학생이 되어 가끔 자기들의 지난 일기장을 읽어보기도 하는데 받침이며 문장표현이 엉망인 글을 읽으며 재미있어 하고 지금 자기들이 엄청나게 자랐음을 대견해하기도 하는 것 같다. 게다가 바쁜 시간을 내어 오밀조밀 달아준 엄마의 글에서 엄마의 사랑을 느끼는 것 같다.

아이가 일기를 잘 쓰고 있을 때는 일기만 읽어보고 꼬리글을 생략하기도 했지만 힘들어하거나 쓸 말이 없어 보이면 도움을 주었다. 아이의 하루를 들어보고 글감을 찾아주기도 했고 정 쓸거리가 없을 때는 동시 하나를 골라주며 잘 읽고 감상한 다음 그 소감을 두어 줄 적어보자고 했다. 그러면 아이는 '오늘은 동시 한 편을 감상하겠다'로 일기를 시작해 동시를 적고 그림을 그리고 그 아래에 시를 읽고 난 느낌을 두어 줄 적었다.

무조건 "빨리 가서 일기 써!"라고 강요만 할 것이 아니라 글감을 함께 생각해준다거나 동시 한 편을 추천해주며 느낌을 적어보게 하는 것도 일기지도를 지혜롭게 하는 방법이 될 수 있다.

아이를 키우다 보면 엄마 자신도 완벽하지 못하면서 과정보다 결과를 중시한 나머지 서툰 과정을 인내하지 못하고 좋은 결과만 탐하기도 한다.

나는 서툰 과정을 겪으며 자라는 우리 아이들을 붉은 펜으로 무시하지 않고 그들의 푸른 꿈을 사랑스러운 눈으로 지켜보며 격려하는 파란 펜 엄마가 되고 싶다.

일기장에 엄마의 사랑이 담긴
제목을 달아주자

우리 집의 가장 소중한 보물은 아이들의 일기장 12권이다. 딸 6권, 아들 6권. 초등학교 1학년에서 6학년까지 일 년에 한 권씩 태어난 세상에 하나밖에 없는 책이다. 가끔 엄마들에게 "공부 잘하고 바른 아이로 키우는 방법으로 추천할 만한 게 있다면?"이라는 질문을 받는데 난 그 답으로 주저하지 않고 이 보물 이야기를 들려준다.

일기를 일 년 동안 쓰고 나면 일기장이 여러 권 모인다. 이 일기장을 제본소에 맡겨 근사한 책으로 만들어주면 아이에게는 일 년 동안의 노고에 대한 커다란 선물이 된다. 일단 한 권이 만들어지면 이 세상에 하나뿐인 자신의 역사책을 만든다는 뿌듯함에 일기쓰기는 행복한 작업이 되고 강요하지 않아도 스스로 쓰게 된다. 우리 집에는 딸은

일 년 동안 쓴 일기를 엮어 책으로 만들어 주면 아이들은 성취감을 느끼게 된다.

붉은색, 아들은 파란색 표지로 만든 일기책 12권이 보물처럼 책꽂이 제일 윗칸에 꽂혀 있다. 귀공이는 그걸 보고 자기도 역사책 만들 거라며 매일 열심히 일기를 쓴다. 자기는 표지를 노란색으로 만들 거라는 당찬 소망까지 밝혔다.

일기장마다 따로 이름을 붙여주는 것도 재미있다. 올해는 어떤 근사하고 의미 있는 제목을 붙여줄까 하고 일 년 동안 틈틈이 생각하는 것도 아이 엄마만이 누릴 수 있는 재미있는 일거리다.

일기책 제목 가운데 의미 있었던 것을 하나 꼽으라면 딸이 초등학교 4학년 때 쓴 일기책의 제목과 아들이 초등학교 1학년일 때 쓴 일기책의 제목이다. 딸이 4학년일 때 나는 여러 가지로 힘든 일이 많았다.

밤이 되면 피곤해서 쓰러져 잠이 들곤 했는데 새벽에 깨서 보면 아이가 밤늦게까지 쓴 일기가 꼬리글을 기대하며 내 책상 위에 얌전히 놓여 있었다.

한 페이지 가득 깨알 같은 단정한 글씨로 하루를 적어놓은 딸의 일기를 보고 그 성실함에 감탄하며 일어나 앉아 내 생각을 적다 보면 성실성에서도 지구력에서도 아이를 따라가지 못하는 내가 얼마나 부끄러웠는지 모른다.

서너 줄 남짓한 답글을 적어주기도 힘들어하는 엄마와 달리 하루도 빠짐없이 하루를 단정하게 그려가는 아이를 보며 난 혼란스럽던 내 삶의 방향을 잡고 일어섰다. 그때 아이는 길 잃은 자에게 늘 제자리에서 반짝이는 빛을 내며 인도해주는 북극성 같았다. 그 해 나는 아이의 일기책 제목으로 '북극성 아이'를 선물했다.

아들은 좀처럼 엄마 말을 따르지 않았다. 일기쓰는 걸 무척 싫어했고 빠뜨리는 날도 있었다. 이 경우 대부분의 엄마와 아이는 포기해버리는데 나는 포기하지 않았다. 적어도 소년기에 하루를 돌아보고 반성해보는 거룩한(?) 행사는 아이의 인성교육에 꼭 필요한 절차라는 내 나름의 신념이 있었기 때문이다. 며칠 빠뜨리긴 했지만 누나처럼 일기책을 만들어주었을 때 아이는 환호성을 질렀다. 표지가 파란 일기책에 내가 붙여준 제목의 의미를 듣고 아들은 부끄러워하면서 반성하기도 하는 얼굴빛을 띠었다.

아들의 일기책 제목은 '징검다리'였다. 아들에게 제목을 그렇게 붙인 사연을 들려주었다.

"처음부터 끝까지 잘 포장된 다리는 사람을 차에 태워 손쉽게 강을 건네줄 수 있지. 하지만 개울에 드문드문 놓인 징검다리도 끝까지 이어져 있어 사람들이 발을 적시지 않고 개울을 건너게 한단다. 그래서 중간에 끊어지지 않고 이어져 있는 징검다리도 근사한 다리 못지않게 중요한 거야. 비록 일 년 동안 힘들게 일기를 써왔지만 끝까지 써서 이런 근사한 책을 만들어낸 네가 대단하다고 생각해. 내년부턴 더 잘 써보자."

이후 아들은 근사한 책이 생긴다는 즐거움에서인지 별 불평 없이 일기를 잘 썼다.

누구나 우리 집에 오면 제일 부러워하는 이 보물 12권에는 우리 가족사, 우리 모자·모녀의 이야기가 빼곡히 들어 있다. 장가도 가기 전부터 내 남동생은 이 일기책을 부러워했는데 어느새 장가들어 아들 하나 낳더니 그 아들이 여섯 살이 되자마자 부랴부랴(?) 일기를 쓰게 했다. 그러더니 지난 추석 전에 일기장 한 더미를 내게 주며 책을 만들어달라고 했다.

조카의 일기장을 받아드니 저절로 웃음이 나왔다. 나처럼 조롱조롱 꼬리글 매달아놓는 자상한 아빠가 된 동생. 덩치는 산만 한데 그런 다정함이 숨어 있다는 게 얼마나 기특하던지.

난 제본소에 들러 제본을 부탁하고 제목도 달고 첫 페이지에 근사한 축사(?)까지 붙여주었다. 추석날 일기책을 들고 가 전해주자 온가족의 환호성이 아파트를 들썩대게 했다. 엄마는 조카가 일기책을 잠잘 때도 안고 잔다고 웃으며 전화하셨다. 멋진 책이 생긴다는 즐거움에 더욱더 열심히 일기를 쓴다는 조카를 생각하니 고모가 만들어 붙여준 일기책 제목이 참 적당하다 싶었다. 조카의 일기책 제목은 '희망나무 한 그루 자라다'였다.

조카와 내 아이들 그리고 우리 모두의 아이들은 우리의 희망나무들이다. 조그마한 도토리 속에 들어 있는 커다란 참나무의 꿈을 발견해 키워주려고 노력하는 일이야말로 우리 어른들에게 주어진 중요한 의무일 것이다.

예쁜 글씨와
지구력은 덤

딸이 막 초등학교 4학년에 올라갔을 때다. 학교에서 돌아온 딸이 알림장으로 준비한 작은 수첩을 펼치며 말했다.

"엄마, 오늘 알림장을 적는데 남자 짝꿍이 이러는 거예요. '너 이런 글씨로 이 수첩 끝장까지 적으면 내가 선물 줄게' 하고 말예요. 그 친구 우습죠? 자기는 늘 처음엔 잘 적다가 갈수록 글씨가 삐뚤빼뚤해지고 종이도 군데군데 찢어지다가 결국 알림장을 잃어버린다면서 그런 말을 하더라고요."

딸의 글씨는 컴퓨터 글자체처럼 단정하고 가지런하다. 초등학교 6학년 때는 MBC와 윤디자인에서 공모한 전국 예쁜 손 글씨대회에 학교대표로 응모해서 초등학생부 금상을 받았을 정도로 글씨를 예쁘게 쓴다.

국내에서 인정받은(?) 딸의 예쁜 글씨도 일기쓰기를 하면서 덤으로 얻은 것이다. 처음 일기쓰기를 시작한 초등학교 1학년 때 딸의 글씨는 삐뚤빼뚤 제멋대로였다. 손가락 힘도 없는 일곱 살 어린아이의 가녀린 손가락에서 반듯한 글씨가 나올 리 없었다. 난 일기장 아래 '오늘은 글씨가 누웠네. 피곤한가 보다'라고 썼다가 '좀더 열심히!'라는 도장을 파서 찍어주기도 하는 등 온갖 인내를 발휘하며 글씨쓰기를 지도하였다. 손가락에 힘이 없어 흔들거리는 글씨도 있고 피곤한 날은 드러누운 글씨도 있었지만 하루도 빠짐없이 일기를 적게 했다. 그렇게 함으로써 아이의 손가락 힘을 키워주었을 뿐 아니라 아주 중요한 지구력을 아이에게 선물하게 되었다.

일 년 365일을 하루도 빠짐없이 계획한 일을 해낸 아이는 무언의 자기 신뢰를 가슴에 보물처럼 안을 수 있다. 그것은 돈으로도 살 수 없는 재산이 되어 빛난다. 여섯 권의 보물을 보면 그 안에는 내용의 성숙뿐만 아니라 바른 글씨 만들기까지의 변천사가 고스란히 들어 있다.

일기를 쓰며 딸이 얻은 또 하나의 재산은 지구력이다. 딸은 계획한 일을 중도에 포기한 적이 거의 없다. 방학을 하면 한 달 동안의 계획표를 세우고 개학하는 날까지 지켜가던 놀라운 지구력은 어른인 나도 감탄할 정도였다. 일기를 꾸준히 적으면서 처음과 끝이 한결같음을

199**8** 년 **8** 월 **19** 일(**水**) 날씨:**맑음**

주제 :언젠간 내 도화지에도 알록달록한 그림이 그려지겠지!
오늘 숙제를 하다가 문득 이런생각이 났다.
'내가 하고 있는 이 숙제는 과연 무엇을 위해서 하는 것일까?'라
는 생각이.
곰곰히 생각해 보니 지금 난 한 폭의 그림을 완성하기 위해서
가장 중요한, 스케치를 하고 있는 것 같았다.
그 때문에, 더 열심히 공부해야 겠다는 생각이 들었다.
그림을 완성할 때 가장 중요한 것은 제일처음에 하는 스케치 이
다.
지금 난 아주 엷고 간단한 스케치 밖에 하지 못했다.
내가 해야할 스케치를 다끝내려면 더 많은 땀과, 그리고 더 많
은 노력이 있어야 할 것이다.
이 중요한 일은 바로 내 손에 달렸다.
만밀, 땀과 노력없이 이루어낸 그림은 정말 보잘 것 없기만,
땀과 노력을 다해 이루어 낸 그림은 이 세상 사람이 모두
알 만큼 위대한, 멋진 작품이 될 것이다.
나도 꼭 훌륭한 사람이 되고 말 것이다.
내 모든 힘을 다해...

알 림 장	성실한 노력으로 '하루'라는 도화지를 알뜰하게 메워가는 우리 딸.	
	생각도 멋지고 행동도 예쁜 우리 딸.	엄만 아혜만 보면 늘 기쁘고 행복하단다.
	엄마생각에도 아혜는 멋진 작품을 만들어 넣것 같다. 땀과 노력을 무기로 걸고 돌진하는	

♣ **우리의 생활 약속 :** 바른 자세로 인사합니다. 자세게 실패란 없기 때문이야.

엄마는 엄마의 삶을, 아혜는 아혜의 삶을 멋지게
꾸려가자구나. 힘들때 서로 격려해주는 좋은 사이로.

몸소 익힌 결과였다.

딸의 일기장 글씨는 처음과 끝이 똑같이 가지런하다. 공책뿐 아니라 연습장의 첫 장과 마지막 장을 같은 글씨로 빈칸 없이 메운다는 건 쉬워 보이기는 해도 웬만큼 단정하고 가지런한 마음이 아니고는 쉽지 않은 일이다.

얼마 전 아이 방에서 우연히 스프링 달린 수첩을 발견하고 나는 또 감탄했다. 제법 어려운 영어 단어가 죽 적혀 있는 걸 보니 영어 독해하다가 나온 어려운 단어들을 나름대로 적어가며 외운 모양이었다. 언뜻 보기엔 정리한 영어 단어장인 줄 알았는데 몇 장 넘기니 한자도 적혀 있어 편하게 적어가며 외우는 연습장이라는 것을 알았다.

그리 중요한 공책이 아닌데도 처음과 끝이 한결같이 고운 글씨체로 씌어 있어 그 단정함에 나도 모르게 감탄사가 흘러나왔다.

가계부나 연습장의 첫 장을 적을 때 반듯했던 글씨가 뒤로 갈수록 처음의 긴장감을 잃고 삐뚤거리고 흔들거리는 것을 보면 딸과 짝의 대화가 생각나 마음을 다잡게 된다.

어린이는 정말 어른의 아버지다.

정직한 일기는
마음을 움직인다

마음속에 품은 교육관을 실천하다 보면 가끔 예기치 않은 일과 충돌하게 된다. 아들이 초등학교 3학년이던 신학기 초 어느 날, 아들의 일기장을 읽고 가슴이 콩닥콩닥 뛴 적이 있다. 선생님에 대한 악평이 일기장 가득 들어 있던 것이다.

일기의 내용은 대강 이랬다. 수업이 끝나고 모두 알림장을 쓰고 있었는데 아들의 짝꿍이 글씨쓰는 속도가 느려 알림장 내용을 적는 데 시간이 걸렸다. 다른 아이들은 알림장을 다 적은 뒤 선생님의 지시사항을 따라하고 있었는데 그 친구만 알림장을 쓰고 있었다. 선생님은 이 친구가 딴짓을 하고 있다고 여기고 여러 친구들 앞에서 "애, 좀 모자라는 애 아냐?" 하며 망신을 주었다는 것이다. 아들은 그날 일기장에 선생님에 대해 심한 말을 적어놓았다. 제 딴엔 짝꿍이 아무 잘못 없이 여러 친구들 앞에서 망신당한 일에 속이 상했던 것 같다.

그 일기장을 들고 가족의 의견을 물었다. 아이의 정직한 의견을 단지 선생님의 눈에 잘못 들까 염려해 지우게 하는 건 옳지 않은 교육이라고 나는 믿고 있었다. 그렇지만 학기 초인데 혹여 처음부터 찍힐까(?) 염려가 되기도 했다.

어머님은 "에미야, 당장 지우고 다른 거 적으라 해라. 애 미운털 박힐라" 하시며 펄펄 뛰셨다. 하지만 어머님을 제외한 다른 가족은 완강히 아들 편을 들었다. 남편도 아버님도 "선생님이 잘못하셨네, 뭐. 그냥 둬라. 애 글 읽고 반성 좀 하시도록" 하며 자라는 아이들에게 함부로 말을 하는 선생님의 잘못을 지적하며 오히려 같이 흥분했다.

선생님이 아들의 일기를 읽고 기분이 상하실 것은 염려되었지만 나는 아이의 일기에는 절대 손대지 않는다는 원칙을 지키기로 했다. 아이의 일기에서 틀린 글자를 교정해줄 때도 단 한 글자도 지우개로 지우지 않았다. 하물며 이 일기는 어떤 사건에 대한 아이의 생각이니 지우는 건 옳지 않다고 생각했다. 부족하고 모자란다면 그 자체가 아이의 자라는 과정이고 선생님과 부모는 자라는 아이의 현재 모습을 숨김없이 볼 필요가 있다.

우려한 것과 반대로 다음날 선생님은 자기 생각을 솔직하게 잘 표현했다고 오히려 아들의 일기를 칭찬해주셨다. 그리고 아들의 짝꿍이 글씨쓰는 속도가 느려 알림장을 천천히 적고 있는 줄도 모르고 딴짓하고 있다고 친구들 앞에서 짝꿍을 망신시킨 당신의 잘못을 공개사과하셨다.

나 역시 내 아이를 잘 보이고 싶어하는 면이 있음을 부정할 수는 없다. 그러나 겉치레보다는 바른 교육을 우위에 두는 것이 진정 아이를 위하는 길이라는 것을 그때 깨달았다.

어휘력을 늘리는
스피드 퀴즈놀이

아이들 어렸을 때 명절날 모처럼 친척들이 모이면 나는 어른과 아이들이 함께 놀 수 있는 재미있는 놀이를 준비했다. 남편 형제는 위로 시누이 한 분, 아래로 시동생 이렇게 3남매인데 모두 내가 만드는 유치한 놀이에 즐거이 동참했다.

어느 해 추석날이었다. 나는 아이들이 어휘를 어느 정도 정확히 알고 있나 궁금했다. 텔레비전에서 스타들이 나와 시청자들에게 즐거운 웃음을 선사하던 스피드 퀴즈를 올 추석엔 우리 가족끼리 해보겠다고 생각하고 단어카드를 여러 장 준비해놓았다.

생각하면 맏며느리가 명절날 음식 하나라도 더 맛있게 준비해서 친척들에게 대접할 생각은 뒷전이고 어떡하면 아이들과 친척들과 재미있게 놀까를 더 많이 생각했으니 마음씨 좋은 시부모님을 만났기 망정이지 아니었으면 쫓겨나기 십상이었을 것이다.

시누이네 아들 하나, 우리 집 아이 둘 그리고 시동생 아이 둘은 나이 차가 그리 많지 않고 모두 놀이든 게임이든 적극적으로 즐기는 성격이어서 내가 이끄는 대로 잘도 따라왔다. 게임은 세 사람씩 짝을 지어 한 사람은 내가 준비한 단어카드를 대답하는 사람 뒤에서 머리 위로 들고 있는다. 또 한 사람은 그걸 보고 열심히 설명하고 나머지 한 사람은 대답하는 식으로 진행된다. 물론 총감독인 나는 시간을 체크하며 팀간의 우열을 가리는 일을 하는 한편 또 한 가지 꼭 준비하는 게 있는데 바로 메모지다.

아이들이 어휘를 정확하게 이해하고 있는지를 파악하는 데 가장 빠른 방법이 이 놀이다. 이것은 초등학교 때 교사가 어휘를 주고 짧은 글짓기를 시키는 것과 비슷한 학습효과를 얻기 위한 것이다. 스피드 퀴즈는 아이의 순발력까지 길러줄 수 있고 보는 사람을 재미있고 즐겁게 할 수 있으니 정말 금상첨화다. 나는 아이들이 설명하는 것을 들으며 잘못 알고 있는 단어를 메모지에 적어두고 나중에 그 단어의 바른 뜻을 설명해주곤 했다.

초등학교 저학년이던 큰조카가 딸에게 설명하는 차례였다. 한참 진지하게 설명하고 대답하는데 어른들은 모두 웃음을 참지 못했다. 우문현답이랄까. 나라면 도저히 대답할 수 없는 설명을 듣고도 아이는 잘도 맞혔다. 그러다가 '대학원'이라고 적혀 있는 카드 앞에서 아이들이 잠시 주춤했다. 자기 아빠가 대학원을 나오고 공부하시는 분이니 조카가 '대학원'이라는 단어는 알 텐데 과연 우리 딸이 오빠의 설명에 그 대답을 할 수 있을지 나는 궁금했다.

'뭐라고 설명할까. 대학을 마치고 나서 더 공부하려면 어떤 학교로 가지? 정도로 질문할까?'라고 머릿속으로 생각하는데 조카는 내 고정관념을 여지없이 깼다. 조카는 생글거리며 어휘력이 아직 부족한 어린 동생을 최대한 배려하는 표정으로 질문했다.

"있지. 음, '큰 학원'을 무슨 학원이라 하지?"

그 당시 쉬운 한자 공부를 시작해 큰 대, 작을 소는 알고 있던 딸이 야무지게 말했다.

"대학원!"

우리는 모두 배를 쥐고 깔깔 웃었다.

다음은 할머니가 카드를 들고 있고 딸이 동생에게 단어를 설명할 차례였다.

"우리 어제 사먹은 게 뭐지?"

"응, 통닭."

"너가 어제 내 뭘 부러뜨렸지?"

"크레파스."

둘만 아는 사연을 총동원해 아이들은 신기하게도 정답을 맞춰 나는 쉴 새 없이 실로폰을 쳐댔다.

다음 카드는 '복덕방'이었다. 딸이 반가운 단어를 만났다는 듯 자신 있게 설명했다.

"할아버지들이 모여서 화투 치는 데가 어디야?"

이에 아들도 질세라 그렇게 쉬운 것쯤이야 하는 얼굴로 재빨리 답했다.

"복덕방."

어른들은 해괴망측한 아이의 설명과 답변에 박장대소를 했고 나는 재빨리 메모지에 복덕방이라는 글자를 적었다.

아버님은 첫 손녀인 딸아이를 데리고 다니시길 좋아하셨다. 그러다 보니 동네 친구분들과 복덕방에서 어울려 심심풀이 화투놀이하는 걸 딸이 보았고, 딸은 복덕방을 화투놀이하는 어른들 게임룸쯤으로 알게 된 것이다. 놀이가 끝나고 복덕방은 집을 사고팔거나 빌려주고 빌리려 하는 사람들이 만날 수 있게 해주는 곳이라고 알려주었다.

초등학교에 들어가면서 그림이 적고 어려운 어휘가 나오는 책을 읽기 시작하자 귀공이는 자주 내게 어휘의 의미를 물었다. 엄마가 없을 때 모르는 어휘가 나오면 찾아보라고 국어사전 찾는 방법을 알려주었다. 그래도 엄마가 편한지 내가 있을 땐 책 읽다 이해하기 어려운 어휘를 툭툭 던진다. 전송, 야학, 상봉…….『퀴리부인』이라는 위인전기를 읽으며 요즘 물어온 단어다.

귀공이에게 나름대로 쉽게 설명해주려고 애쓰지만 아무리 생각해

126

도 어려운 단어는 낱말카드로 만들어 언니랑 스피드 퀴즈놀이를 시켜볼 생각이다. 귀공이가 제대로 설명할 수 있을 때까지 놀이를 하면서 익히면 공부처럼 느끼지 않고 재미있어 할 것 같다.

이 작전을 알게 되면 남편은 분명 또 귀공이가 가엾다며 한 소리 할 것이다.

"어이구, 엄마 작전에 휘말려 공부하는 줄도 모르고 노는 것으로 착각하고 신나서 하겠지 쯔쯧……. 가엾은 우리 막둥이."

창의력을 길러주는 **동화** 만들기

나는 음식을 먹을 때 비타민이 들어 있는 건강보조식품보다 오이와 당근을 사서 먹는 즐거움을 덤으로 맛보는 걸 좋아한다. 칼슘제를 먹기보다는 멸치와 마른 노가리를 먹는 것이 더 낫다고 생각한다.

교육도 마찬가지다. 단순지식의 암기보다는 창의력을 길러주는 교육이 좋다고 생각하는데 그렇다고 학원을 찾아본 적은 한 번도 없다. 대신 놀이 속에서 아이들이 뭔가를 생각할 수 있도록 기르려고 노력했다.

아이들이 어렸을 때 유아용 학습지를 구독했는데, 이 교재는 아이들 교육에 아주 큰 역할을 했다. 동화책은 오리거나 색칠하는 등 활동교재가 되기에는 적당하지 않은 데 반해 학습지는 다채로운 색으로 구성되어 있고, 다양한 교재가 부록으로 들어 있어서 아이들과 함께 놀이하기엔 최상의 교재다. 지능발달에 좋다는 가위질, 색칠하기 등을 하며 손가락 운동도 할 수 있고 또 직접 오리고, 그리고, 색칠하기를 하면서 성취감을 맛볼 수 있다.

아이들과 동화책 학습을 마친 후 학습지는 오리기 자료가 된다. 종이도 적당히 도톰하고 색상도 예뻐 아이들과 가위로 그림을 몇 개 오려 스케치북에 붙였다.

아이들이 어렸을 때는 그림을 서너 개 붙이고 그 그림에 맞는 말을 만들어보라고 했다. 가령 우산, 사과, 꽃, 여자아이 이렇게 네 가지 그림을 오려 스케치북에 붙이고 아이에게 네 그림을 이어 재미있는 글을 만들어보라고 한다.

"비가 왔습니다. 소연이는 우산을 쓰고 엄마와 시장에 가서 사과를 사가지고 왔어요. 올 때 꽃이 비를 먹어서 좋아했어요."

딸이 제법 예쁘장하고 다양한 어휘를 써가며 문장을 만들어 내는데 반해 아들은 자기 차례가 되면 "어떤 여자아이가 엄마 따라 시장에 가서 우산, 사과, 꽃을 사가지고 왔어요"라고 아주 간단명료하게 말해서 내가 의도한 교육효과에 미치지 못했다. 그래도 늘 한 살 터울인 누나에게 지지 않고 같이 즐거운 놀이 파트너가 되는 것이 예뻤다.

아이들이 자라면서 그림 수를 늘렸다. 그럴 때마다 제법 말이 되는 여러 문장을 다양하게 죽 이어내는 아이들의 무궁한 능력에 자주 감탄했다.

일도 양보 못하고 아이들에게도 무심하지 않은 엄마이고자 했던 욕심 많은 나는 아이들을 재우려고 불을 끄고 난 후에도 아이들과 할 수 있는 즐거운 놀거리를 궁리했다.

양쪽에 아이를 한 명씩 눕히고는 아이들과 동화책 만들기 놀이를 했다. 먼저 딸이 문장을 하나 만들면 그 말에 이어 내가 또 하나의 문장을 더하고 그다음 차례로 아들이 받아 새로운 문장을 더하는 것이었다.

딸이 "옛날 어느 마을에 한 소녀가 살았습니다"로 시작하고 나는 이어서 "그 소녀의 엄마는 소녀가 어렸을 때 돌아가시고 아버지와 함께 살았습니다"로 어렵지 않게 이야기를 이어놓으면 아들이 뒤이어 "그런데 어느 날 돌아가신 엄마가 갑자기 나타나 말했어요"로 동화의 흐름을 급회전하기도 했다.

동생의 황당한 이야기 다음에 이야기를 이어가자니 너무 힘들다고 투덜대면서도 딸은 나름대로 동생의 이야기를 잘 이어 나에게 다음 차례를 넘겨주곤 했다.

한참 이야기를 주고받다 보면 어느 날은 꽤 여러 문장이 오고가며 작가 3인의 근사한 동화가 한 편 탄생했는데 애석한 건 녹음을 해놓은 것이 없어서 늘 사라져버린 동화가 되었다는 점이다.

그렇게 주고받다 보면 딸은 새로운 이야기 구성에 몰두하느라 잠을

130

여러분 기뻐하십시오. 우리나라 김진호 선수가
마라톤에서 금메달을 땄습니다 !!!

스케치북에 여러 가지 그림을 붙여서 보여주고 이야기를 만들게 한다. 아이의 이야기가 끝
나면 엄마가 미리 써 놓은 글과 비교해 본다.

오히려 쫓는 데 반해 왼쪽 편에선 아들의 하품소리가 들렸다.

그럼 그다음 아들 차례에서는 반드시 주인공이 죽거나 잘 먹고 오래도록 잘 산다.

"그래서 소녀와 소녀의 엄마, 아빠는 오래오래 잘 먹고 잘 살았습니다. 끝."

"나무꾼은 그만 가엾게도 죽고 말았습니다. 끝."

그러고는 아들은 이내 쌕쌕거리며 잠이 들고 나는 딸과 둘이서 한동안 새로운 동화를 만들다 잠들곤 했다.

나는 아이들이 잠들기까지의 시간이 아까워 함께 즐기려는 목적이었는데 생각해보면 참 좋은 교육적 효과를 낳았던 것 같다. 다른 사람이 하는 말을 이어가야 하고 전체 글 구성에 어울리는 문장을 찾아야 하니 집중력과 사고력, 창의력을 기를 수 있었던 것 같다.

아이들 키우면서 글짓기 교육을 따로 시킨 적은 없는데도 교내외 글짓기 대회에서 상을 여러 번 받은 것은 일기지도와 함께 어렸을 적 즐긴 여러 놀이 덕분이 아닐까 생각한다.

비타민이 모여 있는 비타민제가 필요한 것이 아니고 창의력을 콕콕 집어넣어 주는 학원이 필요한 것도 아니다. 맛을 즐기면서 몸에 필요한 양분을 알게 모르게 섭취하듯 즐겁게 놀면서 그 속에서 아이들에게 꼭 필요한 창의력이라는 힘을 기르는 것이 가장 행복한 교육 방법이다.

노래 부르며
미술공부

큰딸이 초등학교 1학년 때 있었던 일이다. 사탕을 쪽쪽 빨면서 학교에서 돌아온 딸이 밝게 웃으며 말했다.

"엄마, 오늘 학교에서 말예요. 갑자기 공부시간에 선생님이 노래 자랑을 하신다는 거 있죠. 자기가 노래를 잘 한다고 생각하는 사람은 손을 들라는 거예요. 모두 여덟 명이 손을 들고 앞으로 나갔어요. 그리고 차례차례 노래를 부르게 했어요. 나도 나갔는데 내 순서는 일곱 번째였어요. 근데 다른 친구들은 모두 똑같이 며칠 전에 음악시간에 배운 노래를 부르는 거예요. 나는 뭘 부를까 고민하다가 엄마에게 배운 동요 가운데 가장 긴 노래 있죠, 그걸 불렀더니 애들이 모두 '우와, 길기도 하네. 가사 외우느라 고생했겠다' 하는 표정으로 보고 있더라고요.

노래가 다 끝나고 선생님이 친구들에게 물었어요. '1번 친구가 잘 불렀다고 생각하는 사람 손들어' 이렇게요. 호호호, 근데 말예요. 어떤 친구는 자기가 부르고 자기 혼자 손들기도 하고요, 어떤 친구는 짝꿍과 자기 이렇게 둘이 손들었어요. 근데 나는요, 여덟 명이나 손들었어요. 아마 내가 친구들이 잘 모르는 제일 긴 노래를 불러서 그런가 봐요. 그래서 내가 제일 잘 불렀다고 선생님이 상으로 이 막대사탕을 주셨어요. 아이, 신나. 호호호."

자기가 노래를 잘 부른다고 생각하는 사람 나오라는 선생님의 말씀에 여덟 명이나 우르르 앞으로 나갔다는 것이 귀여워 나는 순간 웃음이 나왔다. 그리고 영악(?)하게 아무도 모르는 긴 노래로 친구들의 주목을 끄는 작전을 편 딸이 기특해서 오른손 엄지를 추켜올려 주며 축하해주었다.

나는 아이가 학교에 들어가기 한 해 전에 일 년 동안 매주 한 곡씩 동요를 가르쳤다. 줄이 쳐지지 않은 종합장에 예쁜 동요 가사를 적고 두 아이에게 노래를 가르쳐주었다. 그리고 노래를 부르면서 그 가사 옆에 노래와 어울리는 그림을 그려넣었다.

아이들에게 늘 신기하고 아는 것 많고 근사해 보이는 엄마이기를 바라는 욕심꾸러기였던 나는 노래를 한 번도 테이프로 가르치지 않았다. 노래책을 사서 악보 보면서 기타 치며 배워서 가르쳤다. 어떤 경우엔 레코드 가게에서 테이프를 사다가 아이들 잠잘 때 내가 먼저 배워 내 목소리로 다시 가르쳤다. 이론적 근거도 잘 모르면서 왠지 그래야 더 아이들과 교감이 있을 것 같았고 아이들이 그 동요를 더 좋아할 것 같았다. 마음을 밝게 해주는 것이 주목적이었던 그 놀이는 그 외에도 엄청난 교육효과가 있음을 나중에 알게 되었다.

우선 그림공부를 확실하게 할 수 있다. 노래와 함께 떠오르는 이미지를 그리며 창의력과 표현력을 기를 수 있다. 한 번은 「네 잎 클로버」라는 노래를 부른 뒤 함께 그림을 그리는데 딸이 졸졸졸 흐르는 시냇가에 그려넣은 꽃잎에 아들이 검은색 크레파스로 색칠을 하고 있었다.

아이들이 좋아하는 동시나 동요를 적고 그에 맞는 그림을 그리게 하면 그림 솜씨는 물론 사고력과 창의력을 키울 수 있다.

135

"어? 꽃잎이 검정색이야? 난 검정색 꽃잎은 못 봤는데."

내가 고개를 갸우뚱하며 물었더니 다섯 살이던 아들은 그것도 모르느냐는 듯 야무지게 말했다.

"에이, 엄마. 이 꽃은요, 길가에 있어서 먼지가 많이 묻었어요."

미술학원에 다녔으면 붉은색과 노란색 꽃만 열심히 그려왔을 아이들은 자기들 생각나는 대로 그리며 꼬마 화가들이 되어가고 있었다.

딸은 초등학교 3학년 여름방학 때 호기심으로 두어 달 동네 미술학원에 다닌 거 말고 그림공부를 따로 해본 적이 없다. 그런데 고2 때 교내 사생대회에서 금상을 받아 미술대학을 목표로 몇 년이나 레슨을 받아온 미대 지망생 친구를 서운하게 만들 정도로 그림실력이 뛰어났다. 그 기초가 된 건 엄마와 창작동요를 부르고 그림그리기 놀이를 한 행복했던 시간 덕분이라고 했다.

교육심리학 이론 중 '피그말리온 심리효과'라는 게 있다. 타인이 나를 존중하고 나에게 기대하는 것이 있으면 기대에 부응하는 쪽으로 변하려고 스스로 노력하여 결국 그렇게 된다는 것이다. 늘 자기편인 가정을 벗어나 타인과 섞이는 공동생활에서 친구와 교사가 인정해주고 기대해주고 칭찬해주면 아이는 스스로 칭찬받을 만한 사람으로 거듭나려는 노력을 하게 된다.

아이들이 취학하기 1년 전, 바쁜 직장 생활 속에서도 일주일에 한 번 따로 시간을 내어 함께 노래하고, 그림 그리고, 색종이를 접었던

136

시절, 나는 피그말리온 효과라는 게 어떤 건지 알지 못했다.

음악시간에 배우는 노래마다 엄마랑 한 번씩 불러본 노래여서 선생님이 노래 한 곡 가르쳐주고 "불러볼 사람 손들어라" 했을 때 늘 손을 들고 친구들 앞에서 노래를 부르며 내 아이가 마음속에다 차곡차곡 자신감을 쌓을 거라는 걸 나는 계산하지 못했다.

그러나 이제는 확실히 안다. 음악교육도 미술교육도 정서교육도 거창한 기관에서 따로 시간 내어 받아야 하는 어려운 게 아니라 그냥 아이들과 함께 즐기며 노는 가운데 생기는, 우리와 아주 가까이에 있는 것임을.

재미 만점 효과 만점
영어연극

외국어 공부에서 가장 중요한 건 배우고자 하는 언어에 많은 시간을 할애하는 것이라 한다. 직장생활을 하느라 아이들과 함께하는 시간이 적었던 나는 집에 있는 시간에는 가능하면 영어 테이프를 들려주든지 비디오를 보여주었다.

영어 학습을 목적으로 시간을 노출하는 경우 대부분 듣거나 보거나 읽는 데 그치게 된다. 그런데 내가 영어를 잘 알지도 못하는 아이들을 데리고 새로운 영어 노출법으로 시도해본 게 있다. 아주 즐겁고 유익해서 아직도 기억이 선명하다.

딸이 초등학교 1학년, 아들이 유치원에 다닐 때였으니 아이들이 일곱 살, 여섯 살이었나 보다. 서점에 가서 어린이 영어책을 한 권 사

왔는데 부록으로 연극대사가 몇 개 있고 테이프가 들어 있었다.

여름이 막 지나던 때였다. 아이들을 불러 제안을 했다. 추석날 친척들 오시면 깜짝 이벤트로 보여드리게 영어연극 공연을 준비하자고. 영어연극이라는 말조차 처음 들어본 아이들은 바쁜 엄마랑 함께 할 수 있다는 사실이 기뻤던지 좋다고 환호성을 질렀다.

두 사람이 배역을 정해 할 수 있는 적당한 것으로 '서울 쥐와 시골 쥐'를 골랐다. 누나가 대사가 좀더 많아 보이는 시골 쥐를 맡았고 동생은 서울 쥐를 맡았다. 먼저 한 줄 한 줄 읽으며 내용을 이해시키고는 문장을 다 외워야 했다. 빼곡히 6페이지 정도의 적지 않은 분량인데다 영어엔 완전초보인 아이들이다 보니 매일 연습해야 했다. 그야말로 반복 또 반복. 게다가 표정을 넣어 대사를 읊어야 하니 표현하고자 하는 말의 뜻을 완전히 이해해야 했다.

장난기 많은 아들은 능청스럽게 배우처럼 잘도 연기했다. 가령 "Oh! What a beautiful day!"라는 문장을 표현할 때는 천장을 쳐다보고 두 손을 벌리며 정말 날씨가 좋아서 감탄한 듯한 몸짓을 취했는데 누나보다 더 실감나게 했다. 깜짝 이벤트이니만큼 한 달을 문 걸어 잠그고 셋이서 부모님과 남편에게도 안 들키게 연습했다.

분장을 약간 하고 소품도 간단히 챙겨 추석날 모인 친척들 앞에서 우리는 공연을 했다. 나는 지문 부분을 영어로 말했고 두 아이는 자기가 맡은 역을 천연덕스럽게 연기했다. 그런데 한 번은 영어로 하고 또 한 번은 우리말로 했다.

"영어해독 능력이 없으신 연로하신 할아버지, 할머니를 위한 배려입니다" 하고 아들이 인사를 했지만 사실은 아이들이 공연하는 영어 내용을 확실히 이해시키기 위한 내 작전이었다. 부모님과 친척들은 어설픈 아이들의 영어연극을 많이 칭찬해주셨고 덤으로 일하느라 바쁠 텐데 한 달 이상 깜짝 이벤트를 준비한 대단한 엄마라고 나까지 칭찬해주셨다.

그런데 그 후 나는 그 연극으로 아이들이 많은 걸 알았음을 여러 번 깨달았다. 겨우 유치원생인 아들이 가족과 건널목을 건널 때 자기도 모르게 영어로 이 말을 한 것이다.

"Run! Daddy! run! we must run!"

영어연극 중 서울 쥐가 식당에서 시골 쥐랑 밥을 먹다가 갑자기 닥친 사람들을 피해 도망가며 시골 쥐에게 급하게 하는 말을 단어 하나만 바꾼 것이다.

영어를 배울 때 몸으로 체득해 표현하는 것의 중요성을 많이 강조하는데, 역할놀이(Role Play)는 중요한 영어교수법의 하나로 자리 잡은 지 오래다. 그러나 짧은 대화체 몇 마디보다 동화의 주인공이 되어 참여해보는 역할놀이도 나름대로 재미있고 배울 점도 많다고 생각한다. 영어를 싫어하지 않고 어느 정도 하는 아들을 보면 아무것도 모른 채 신나게 따라하던 어릴 적 영어연극 놀이의 도움을 받은 건 아닌지 하는 생각이 든다.

영어문장 **암기력**을 높이는
Seven O'clock

딸이 초등학교 5학년이었을 때다. 영어학원 한 번 안 다니고 공부하는 딸을 위해 엄마가 뭘 도와주긴 해야겠는데 너무 바빠 시간이 없었다.

어느 날 나도 상대방도 구속하는 아이디어를 하나 생각해냈다. 일명 '세븐 어클락'이라 하여 매일 7시만 되면 내가 어디 있든 전화하여 영어문장 5개를 외는 거였다. 영어문장은 그 당시 딸이 구독해 보던 어린이 영자신문에서도 찾고 또 듣기교재의 어려운 표현에서도 찾고 미리 구해서 읽어보았던 중학교 영어 교과서에서도 찾았다. 목적은 주로 어려운 단어가 많이 들어간 문장을 암기해 단어, 숙어, 주요 표현을 익히기 위함이었다.

새로운 방법을 제시하면 끈질기게 따라오는 아이답게 딸은 꽤 여러 달 문장암기 '세븐 어클락'을 했는데, 그 결과 단어와 숙어, 주요 표

141

현뿐만 아니라 적지 않은 중요한 구문을 문장째 입에 익히게 되었다.

얼마 전 공부습관이 잘 되어 있지 않은 어떤 아이에게 딸에게 하던 '세븐 어클락'을 시도해보았다. 아침 일곱 시에 나에게 전화하여 다섯 문장을 줄줄 암기하는 일명 '모닝 세븐 어클락'이었는데, 영어에 거부감이 많던 아이가 매일 아침 영어를 반복하다 보니 발음도 부드러워지고 단어도 제법 알게 되었다.

매일 같은 시간에 종소리와 함께 밥을 주면 종소리만 들어도 개의 입에서 침이 흘렀다는 과학실험에서 얻은 힌트였다. 영어 환경에 노출되어 있지 않은 아이들이 매일 조금이라도 긴장해서 영어를 머릿속으로 생각하고 입으로 중얼대는 것은 영어랑 조금이라도 친하게 되는 기회가 된다.

매일 저녁 딸아이 전화할 시간에 맞춰 전화받기 좋은 장소에서 기다리는 것은 사실 불편한 일이었다. 하지만 매일 정해진 시간에 검사를 받아야 하는 부담감은 아이를 긴장하게 하고 적당한 긴장감은 학습에 필요하다고 생각한다. 그리고 정해진 시간에 엄마 목소리를 들을 수 있다는 행복도 덤으로 얻을 수 있었다고 아이는 평가했다.

사랑하는 아이에게로 향하는 작은 관심과 노력만 있으면 지겹게 느낄지도 모르는 공부를 얼마든지 즐거운 앎의 통로로 만들어줄 수 있다고 나는 생각한다.

보수 개념을 익히는
손가락 **인형놀이**

아이들이 어렸을 때 학원에서 중학생을 가르친 적이 있는데 한 아이가 수업 중 갑자기 질문이 있다고 손을 들었다.

"저기요. 혹시 전에 유치원 선생님 하셨어요?"

아이들이 까르르 웃었고 나도 덩달아 웃으며 말했다.

"유치원 선생님을 해본 게 아니라 지금 집에서 유치원 선생님 한다. 선생님 집 애들이 두 살, 세 살이거든."

두 살, 세 살짜리 엄마였던 나는 내 아이들에게 동화를 들려주듯이 중학교 수학을 설명했다. x랑 y를 데리고 인형놀이하듯이 혼자 신나서 즐겁게 떠들어댔다.

내 딴엔 수학을 어렵게 생각하지 말라는 심오한(?) 뜻으로 목소리

구연까지 하며 온몸으로 떠들었더니 전직 유치원 교사였냐는 질문을 받게 된 것이다. 어쨌거나 아이들은 내 유치찬란함을 깔깔댔지만 그 덕분에 수학은 다 잘했다.

아이들에게 수학을 가르쳐보면 참 재미있다. 교과서에 나오는 딱딱한 빼기문제는 어려워해도 제 이름 넣어서 돈 갖고 문방구나 가게 가서 물건 사고 거스름돈 얼마 받아와야 하느냐고 질문하면 귀신같이 답을 맞힌다. '네가 사탕을 몇 개 가지고 있는데 언니가 먹고 싶다고 애원해서 몇 개 주면 이제 네 손엔 맛있는 사탕이 몇 개 남지?' 식의 문제는 신기하게 정확히 맞힌다. 문제를 아이와 관련시켜 즐겁게 꾸며주면 빨리 이해하며 수학을 어려워하지 않는다.

어린아이에게 덧셈을 가르칠 때 제일 처음 부딪히는 문제는 숫자가 10이 되어 자릿수가 이동하는 것을 가르치는 것이다. 사실 더하여 10이 되는 보수관계만 이해시키면 덧셈은 아무리 긴 자릿수라 해도 다 해결되는 것이니 이 과정은 덧셈공부에서 중요한데 이것이 어린아이에게 쉽지만은 않다.

귀공이가 다섯 살 때 단 하루 만에 이 원리를 터득하게 했는데 그 방법은 인형놀이였다. 흰색 켄트지를 꺼내 귀공이에게 인형을 그리자고 했더니 신나서 그렸다. 그림 솜씨가 없는 나는 켄트지 위에 검은 네임펜으로 인형 네 개를 서툴게 그렸다. 갸름하고 예쁘장한 얼굴에 눈꼬리가 약간 위로 향해 도회풍이 나고 머리는 뽀글뽀글 파마한 여자아이를 그려 구순이라 이름 지었다. 검은 단발머리에 눈꼬리가 약간 아래로 처진 순하디순한 시골 순이 같은 아이를 그려 팔숙이라 이름 지었다. 짧고 검은 머리에 눈매가 날카롭고 성질이 사나워 보이는 남자아이를 그려 칠떡이라 이름 지었다. 텁수룩한 수염에 얼굴이 넓적하고 순박하게 생긴 남자를 그려 육갑이라 이름 지었다.

이렇게 내가 디자인한 그림에 귀공이가 색칠을 했다. 놀이를 할 때는 가능하면 아이들을 놀이도구 만들기에 동참시켜야 학습효과가 배가된다.

인형은 모두 상반신만 있었는데 인형의 옷과 얼굴까지 다 색칠하고 나서는 가위로 몸을 오렸다. 그리고 그 뒤에 나무 젓가락을 투명테이프로 붙이고 인형놀이를 시작했다. 이 놀이의 포인트는 인형들의 목소리와 표정이다.

나는 귀공이 앞에서 인형들의 목소리와 표정을 탤런트처럼 연기했다. 먼저 구순이. 구순이는 목소리에 약간 콧소리를 넣어 아주 거만하게 말한다.

"나 말야, 꼭 하나가 필요하거든. 나 하나 줘봐."

팔숙이는 눈을 내리깔고 미안해하며 수줍고 처량한 목소리로 말한다.

"나 있지. 두 개만 주면 안 되니? 두 개가 꼭 필요해서 그래."

146

칠떡이는 마치 미리 맡겨두기라도 한 것처럼 건방지고 당당하게 말한다.

"나! 세 개 줘!"

마지막으로 육갑이는 모습은 순박한데 목소리가 허스키해서 목에 힘을 있는 대로 주면서 말한다.

"나, 네 개만 줘."

나보다 더 리얼한 표정연기를 하며 깔깔대는 귀공이를 보니 무척 즐거웠다. 옆에 있던 첫째, 둘째, 남편에게도 돌아가며 역할 연기를 시켰는데 모두 한 마디씩 표정연기를 해주어 귀공이는 그날 놀이하면서 확실하게 수의 관계를 깨쳤다.

그 결과 귀공이는 6+5를 하라 하면 "아! 육갑이구나 4를 달라고 5보고 졸라서 자기는 10이 되고 5는 4를 주고 1이 남아서 11"이라고 야무지게 대답했다. 인형놀이 작전 대성공이었다.

9를 보면 9라는 숫자가 1을 달라고 얄미운 목소리로 말하는 인형으로 보인 모양이었다.

그 후 귀공이의 덧셈은 아무리 긴 숫자가 있어도 어려움이 없는 놀이가 되었다.

몇해 전 주몽 드라마를 열심히 보는 아빠 옆에서 같이 텔레비전을 보던 귀공이가 말했다.

"저기 저 모팔모 아저씨, 꼭 육갑이 같다."

우리는 그 말을 듣고 배를 쥐고 깔깔댔다. 아직도 귀공이에게 육갑이는 생생하게 살아 있는 인형이다.

스스로 **깨우쳐**야
수학이 **튼튼**해진다

초등학교 저학년 아이들 중에는 취학하기 두 해 전부터 주 1회 방문교사가 방문하는 수학 학습지를 하는 경우가 많다. 가격이 비교적 저렴하고 또 관리교사가 방문하여 아이의 학습을 체크해주는 장점을 들어 많은 엄마들이 택하는 방법인 듯했다.

어떤 방문학습지의 경우 대부분 연산훈련을 위한 문제가 기계적으로 나열되어 있었다. 이 기계적 학습에 익숙해져 있는 아이에게 물어보았다.

"통나무 한 번 자르는데 3분 걸리는데 그 나무를 다섯 조각 만들려면 몇 분 걸릴까?"

아이는 1초도 안 돼 바로 대답했다.

"15분요."

어려서부터 반복적 세뇌교육만 되풀이해온 아이에겐 3과 5라는 숫자 외에 다른 건 보이지 않는다. 통나무를 다섯 조각으로 만들려면 네 번만 자르면 된다는 생각은 하지 못한다. 따분한 '사고'보다 편리한 '기능'에 익숙한 아이가 되어가기 때문이다.

아이들을 기르면서 반복학습을 강요하는 문제집은 해본 적이 없다. 손가락, 발가락을 동원해 세어보고 종이에 동그라미를 그려서 비교해보고 바둑돌로 셈놀이 하면서 양의 개념을 익히게 했다.

어떤 학습지의 경우 절대 손가락을 사용하지 못하게 하고 또 시간을 재며 빨리 계산하는 훈련을 하는데 나는 이에 반대한다. 손가락은 신이 인간에게 덧셈과 뺄셈을 도와주기 위해 주신 선물이라고 나는 아이들에게 말했다. 아이들은 처음에 손가락, 발가락을 다 동원해 덧셈, 뺄셈을 했다. 2라는 숫자를 보고 두 손가락을 펴보는 사이 아이는 2의 크기와 양을 느낀다. 최대한 구체물을 통해 수를 몸으로 느끼면서 아이는 수 개념을 스스로 익혀갈 수 있었다.

시간은 중요하지 않다. 충분히 반복하며 느끼다 보면 시간은 저절로 단축되기 때문이다. 서점에서 그리 어렵지 않은 기본교재를 선택해 충분히 설명해주며 학년과 관계없이 진도를 나갔다. 딸이 초등학교 1학년 들어갈 때쯤 3학년 1학기 수학책을 풀었으니 2년 정도 선행학습을 한 것 같다. 나는 기본교재 이상의 어려운 심화문제는 따로 풀어주지 않았고 대신 각 단원이 요구하는 핵심은 기본서로 충분히

150

이해하도록 도와주었다. 기본만 정확히 알려주고 응용심화문제는 아이가 해답지를 참고하면서 해결하게 했다.

아이의 이해력을 도와준 교재가 있는데 『생각하는 수학공부』와 『문제해결의 길잡이』가 그것이다. 이 교재 외에도 아이 수준에 맞춰 서점에서 난이도 있는 문제집을 사서 풀기도 했는데 기본교재 외에 모든 문제집은 아이가 스스로 해결하게 했다.

수학의 경우 그 문제집의 80퍼센트만 풀 수 있으면 진도를 나가라는 말이 있다. 진도를 나가면 어렵게 생각했던 지난 문제들이 쉽게 보이는 경우가 있다. 산을 높이 오르면 자신이 헤매던 아랫길이 저 아래 쉽게 드러나 보이는 것처럼. 그래서 나는 수학의 경우 아이가 따라갈 수 있으면 최대한 선행하는 게 좋다고 생각한다. 단 어설픈 공식을 암기하며 쉽게 가려는 걸 허락해서는 안 된다. 각 단계가 가르치려는 과정은 힘들더라도 반드시 겪고 가게 지도해야 한다.

인간의 사고가 자라는 곳은 3b라는 말을 들은 적이 있다. bath, bus, bed. 사람은 목욕을 하거나 버스를 타거나 침대에 누워서 생각하게 된다고 한다. 아마도 다른 어떤 걸 할 수 없는 상황이어서 그런가 보다. 목욕을 하면서 부력의 법칙을 깨친 아르키메데스처럼 초등학교 저학년이던 어느 날 딸이 같이 목욕을 하면서 물었다.

"엄마, 3의 배수가 되는지 알려면 꼭 다 나눠봐야 돼요?"

"그럼. 나눠야지. 열심히 나누고 또 나누고 또 나눠야 알 수 있는 거란다."

　각 자리 숫자의 합이 3의 배수면 3의 배수라는 쉬운 방법을 절대 아이에게 먼저 알려주지 않고 냉정하게 대답했다. 각 교과과정은 그 과정에서 요구하는 학습발달 단계가 있으므로 건너 뛰고 쉽게 가도록 해서는 안 된다. 교과과정에 따라 손끝이 닳을 정도로 자기 노력을 하게 하고 스스로 알아낼 수 있게 두어야 한다.

　마치 어린 시절에 충분히 기는 과정 없이 바로 걸은 아이는 간뇌의 발달이 더뎌 정확한 발음을 내는 데 다른 아이보다 어려움이 있다는 얘기처럼 신체적 성숙이든 학습적인 발달이든 거쳐야 하는 과정은 꼭 거치는 게 옳은 것 같다.

　수학공부에 힘들어하는 많은 부모님에게 말씀드리고 싶다. 수를 수로서 접근하지 말고 내 일상적인 이야기의 한 부분으로 끌어내려는 노력을 하며 결코 기계적·반복적이 아닌 생각거리로 접근하라고. 그 일을 할 수 있는 사람은 일주일에 한 번 시험지를 배달해주고 붉은 줄로 두어 번 동그라미 쳐주고 10분 공부하고 가는 방문교사가 아니다. 아이와 늘 공유하여 아이 생각을 읽어낼 수 있는 엄마밖에 없다.

세계지도와
친해지는 **방법**

아들은 문과를 선택한다고 했다. 남자 녀석이 대학 가기엔 이과가 좀더 유리한 것 같아 은근히 이과를 선택하기를 바랐건만 자기 적성이 딱 문과라고 스스로 못 박고 문과를 선택했다.

수학과 과학은 공부하기 어렵고 머리 굴리기가 도대체 귀찮다는 진실의 말은 쏙 뺐다. 그래도 양심은 있어서 문과 과목 공부를 잘한다고 말하지는 않았다. 공부 안 해도 국어점수는 어느 정도 나오고 영어는 하면 될 것 같고 또 좋아한다고 했다. 하긴 어쩌면 아들의 선택이 옳은지도 모르겠다.

어려운 사법시험 대신 그냥 아무 말이나 탁 던져서 기발하고 재치 있게 대답하는 것이 변호사 선발기준이 된다면 아들은 딱 변호사다.

누굴 닮아서 그리도 앞뒤 가려가며 이치에 맞게 잘도 둘러대며 능청스럽고 천연덕스럽게 조잘댈까.

나는 연애할 때 나를 너무 재미있게 해주어 아무 잘난 것도 없는데 홀딱 넘어가게 만든 남편의 언변이 아들에게 전수된 것이라 여긴다. 아들은 역시 문과가 맞는 것 같다.

딸의 대학합격자 발표가 있던 날, 나는 좁은 거실에서 마땅한 자리를 찾지 못해 그동안 구석에서 주목받지 못하고 붙어 있던 세계지도와 우리나라 지도를 떼서 거실을 한 바퀴 빙빙 돌다가 소파 뒤 벽에 턱 붙여놨다. '내가 언제부터 거실 인테리어를 끔찍이도 생각했다고 이것저것 눈치 보았담. 딸 보냈으니 아들도 어딘가는 보내야지' 하는 비장한 마음이 딸 합격 소식을 들은 날 생겼다. 뺀질이 아들 대학 가는 데 도움이 된다면 안방벽 거실벽 아니 온 집안을 영어단어와 수학 공식, 세계지도로 도배해도 상관없다는 마음이 들었다.

스스로 찾아서 공부하는 누나와는 백팔십도로 다르다고 없는 습관이 생길 때까지 기다릴 수는 없다. 난 그냥 도리질하는 갓난아이에게 사물인지 플래시카드를 보여주며 애타게 세상 가르치는 모정처럼 그렇게 아들 눈길 닿는 데마다 애꿎은 집 도배하며 도 닦는 마음으로 살기로 작정했다.

사회과 과목을 공부하는 데 필수적인 지도를 소파 뒤에 붙여놓고 가족에게 말했다.

"여러분! 텔레비전 보시다가 세계 소식이 나오면 뒤돌아 그곳의 위치 확인해보시고 내 고장 소식 보시다가도 장소와 위치를 꼭 찾아보길 바랍니다!"

올해 초 지리산 근처로 가족여행을 다녀와서도 아이들은 "우와! 우리 멀리 갔다 왔다" 하며 갔다 온 장소를 지도에서 찾아 귀공이에게 알려주며 떠들었다. 진작 지도를 가까이 붙여줄 걸 후회가 되었다.

귀공이가 초등학교에 입학하기 며칠 전 어느 날 아침이었다. 세 아이가 소파에 앉아 벽에 붙어 있는 세계지도를 보며 떠들고 있었다. 아들이 귀공이에게 지도를 가리키며 말했다.

"여기는 우리나라고 여기는 일본 그리고 여기는 중국이야. 근데 귀공아, 너 혹시 세계에서 가장 큰 나라가 어딘 줄 알아?"

며칠 후면 초등학생이 되는 귀공이가 눈치껏 세계지도를 휙 둘러보더니 야무지게 말했다.

"아시아."

순간 큰딸과 아들, 나는 배를 쥐고 깔깔댔다. 지도 위에 큼지막하게 써 있는 글자를 재빨리 커닝한 것이다. 그러자 재치있는 아들은 귀공이를 위로(?)해주며 기운을 북돋워주었다.

"우와, 너 70퍼센트 정도는 맞혔어. 애석하게 딱 한 글자가 틀렸어. 아시아가 아니고 러시아거든."

이어서 아시아는 나라 이름이 아니고 6대륙의 하나인데 6대륙에는 어떤 것이 있는지 말해주며 잠시 동생에게 지리공부를 시켜주었다.

그날 밤 귀공이는 일기장에 오빠 질문에 틀린 대답을 했더니 언니, 오빠가 웃어서 속으로 너무 부끄럽고 창피했다고 써놓았다. 모두 귀공이가 귀여워서 웃었는데 부끄럽다는 단어를 쓴 것이 놀라웠지만 난 곧 그것이 좋은 약이었음을 알게 되었다.

다음날 아침 세계에서 가장 큰 나라가 어디냐는 내 질문에 귀공이는 당당한 얼굴로 '러시아'라고 대답했을 뿐 아니라 6대륙은 어디인지까지 하루 만에 정확히 외고 있었다.

사연이 있는 지식은 오래 기억된다. 조금 부끄러웠던 대가로 귀공이 머리에 몇 가지 용어가 선명하게 저장되었듯이 자투리 시간을 이용해서 마구 자극을 가해댈 수 있는 환경과 주변의 노력은 생각 외로 도움이 될 수 있다.

편식습관도 고치고
환경도 지키는 환경깃발

부모님을 모시고 사는 며느리의 어려움 가운데 하나가 음식문제일 것이다. 핵가족이야 바쁘면 시켜 먹어도 되고 눈치 봐서 외식을 해도 되지만 부모님을 모시고 살면 그게 그리 쉬운 일이 아니다. 시부모님은 음식 만드는 솜씨가 없어도 며느리가 만들어주는 음식이 최고라 하시며 외식을 단연코 싫어하신다.

다행히 아버님은 음식을 아무거나 맛있게 드셨다. 고기 좋아하는 부모님 모시고 살면 편하다고 누가 말했는데 정답이다. 돼지고기 사서 김치 넣고 바글바글 끓이면 다른 반찬 신경 쓸 필요가 없었다.

반면 어머님은 몸도 약하시고 입맛도 까다로우셨다. 꼭 국이 있어야 하고 한 번 드신 음식에는 다시 젓가락을 대지 않으셨다. 인스턴트 음

157

식은 절대 싫어하시고 주로 만드는 데 손이 많이 가는 나물 종류, 조림 종류를 좋아하셨다.

여러 식구의 취향을 모두 고려할 수 없는 바쁜 직장인이자 주부였던 나는 거의 모든 식단을 어머니에게 맞춰 국, 생선, 김치, 나물 등 한식 위주로 짰다.

어머님이 새로 만든 음식에만 손이 가는 걸 아는 이상 먹던 반찬만 내놓을 수는 없었다. 그러다 보니 자연 처지는 음식이 생겼는데 남은 음식을 버리자니 아까워서 남편 말로 굵은 머리는 못 되고 잔머리의 대가인 나는 아이디어를 하나 냈다. 이쑤시개 끝에 연두색 시트지를 자그마하게 삼각형 모양으로 붙여 깃발 몇 개를 만들었다. 그리고 가족회의 시간에 '환경오염과 음식물의 관계'에 대해 이야기하면서 깃발의 탄생 배경을 알렸다.

"가족 여러분! 요즘 남은 음식물 처리 문제로 지구가 위태롭다고 합니다! 우리처럼 모범 가족이 환경보호운동에 앞장서야 하지 않겠습니까? 주부인 제가 음식의 양을 조절해서 만들려고 노력하지만 그래도 새로운 음식에 밀려 뒤처지는 음식이 생겨나고 있으니 협조를 구합니다. 물론 제가 음식을 조금씩 만들려고 노력은 하겠지만 혹시 남아 처지는 음식이 있으면 이 환경깃발을 접시 위에 살짝 올려놓겠습니다. 이 깃발이 올려져 있는 음식은 의무적으로 한 숟가락씩 드셔 주시와요."

가장 적극적인 협조자는 아버님이셨다.

"그거 진짜 좋은 생각이다, 아가! 이참에 음식 가리는 습관도 고치고 환경보존도 하고 일석이조다! 한 젓가락씩 떠가기를 기다릴 필요도 없다. 내가 사람마다 아예 배급해줄게!"

편식을 하던 아들은 식탁에 깃발이 보이면 인상을 구겼지만 할아버지가 나눠주는 음식을 군말 없이 먹었다.

나는 가능한 한 깃발을 꽂지 않게 적당한 양의 음식을 만들려 노력했고 그래도 남는 음식은 깃발을 얹어 다 같이 나눠 먹으니 버리는 음식은 없게 되었다. 무엇보다 좋았던 건 깃발 꽂힌 음식은 모든

손이 가지 않아 버려질 위기에 처한 음식에 깃발을 꽂아 먼저 먹게 하면 환경보호는 물론 편식습관까지 해결할 수 있다.

식구가 똑같이 나누어 먹어야 한다는 규정을 두어서 아이들이 골고루 음식을 먹게 되어 영양의 균형을 가져올 수 있었다는 점이다.

딸이 초등학교 다니던 그 해 학교에서 환경글짓기 대회가 있었는데 「환경깃발」이라는 제목으로 우리 집 깃발 이야기를 써서 금상을 받았다. 그 글은 구청으로 올라가 구청대회에서 또 상을 받았다.

오늘 아침 냉장고에서 찾는 이 없어 시들어가는 반찬 두어 가지를 보니 그 옛날 깃발 이야기가 생각난다. 시골에 내려가신 아버님을 빨리 다시 서울로 모셔와 환경깃발놀이를 하고 싶다.

공부 습관을 바로잡는 10살 전 꿀맛교육

1. 매일 책을 읽게 한다.

하루도 거르지 않고 단 한 페이지라도 책을 읽는 습관을 길러주면 평생의 재산이 된다. 독후감을 강요하지 말고 제목, 지은이, 출판사 이름을 적게 하면 읽은 책이 많아지면서 성취감을 느끼게 된다.

2. 매일 일기를 쓰게 하라.

일기쓰기는 최고의 교육이다. 단 한 줄이라도 쓰게 하면 아이는 어느새 표현하는 것에 익숙해진다. 일기를 매일 쓰면 생각하는 능력과 쓰는 능력이 커져 글짓기 학원에 다닐 필요가 없다. 엄마의 사랑의 메시지를 더하여 마음을 교환하면 인성교육으로 확대할 수 있다.

3. 수학—연산위주의 단순반복 학습은 아이의 사고력 기능을 저하시킨다.

단순반복 훈련은 아이들을 지루하게 할 뿐 아니라 사고기능을 저하시키고 뇌의 기계화를 가속시킨다. 다음 문제를 예측할 수 없이 뒤죽박죽 섞여 있는 다양한 문제를 대하게 하여 생각하는 훈련을 길러주는 수학공부를 시킨다. 어렵지 않은 교재를 선택해 아이가 이해한다면 1년 정도 선행학습을 하는 것도 좋다. 선행학습은 아이에게 자신감을 주고 또 부분적인 시각보다 전체를 볼 수 있는 힘을 길러준다.

4. 10세 전에는 부모가 원하는 대로 좋은 습관을 들일 수 있는 시기다.

이 시기에 학습의 기본이 될 시스템을 만들어 아이가 익숙해지도록 도우면 스스로 공부하는 습관이 생기므로 아이도 엄마도 행복해진다.

5. 영어는 놀이처럼 주변에 흩어놓아라.

영어공부는 특정한 장소, 정해진 시간에만 하는 것이 아니라는 것을 명심하자. 밥을 먹을 때나 머리를 빗을 때도 테이프에서 영어가 흘러나오게 하자. 가랑비에 옷 젖듯 아이에게 스며들어 어느 날 그 표현이 아이 입에서 흘러나온다.

6. 아이를 위해 깔끔한 인테리어를 포기하라.

아이 눈이 닿는 모든 곳에 이것저것 붙여두고 틈만 나면 그것에 대해 이야기를 나눠라. 지도도 붙이고 아이가 시험에서 틀린 문제도 적어 붙여놓고 다시 한 번 반복하자. 아이가 그린 그림이나 작품도 전시해두고 칭찬해주면 아이는 창의적 활동을 시도하는 적극적인 아이가 된다.

7. 백과사전을 일찍부터 이용하게 하라.

모르는 것이 있으면 스스로 찾아볼 수 있게 백과사전을 마련해주고 궁금한 것을 찾아보게 한다. 영어사전, 국어사전, 옥편 등도 거실 옆에 두어 같이 찾아보며 스스로 깨치게 도와준다. 아이의 눈높이를 고려해 단계별로 바꿔준다.

8. 스스로 학습하게 하라.

학교진도와 무관한 개별 과목 학습지보다 학교교과 진도와 관련된 종합 학습지를 선택한다. 스스로 학습을 위해서는 교사의 도움 없이 스스로 학교진도에 맞춰 학습할 수 있는 습관을 들이는 것이 좋다. 또한 종합학습지의 경우 통합교육을 위한 다양한 부록교재들이 있으므로 추천할 만하다.

9. 칭찬하고 격려하라.

아이교육에 있어 가장 중요한 것은 엄마와 친함을 유지하는 것이다. 아이의 일에 관심을 갖고 지나치게 간섭하거나 나무라기보다는 작은 일에도 격려하고 칭찬하는 것이 아이 마음을 얻는 최고의 묘약이다. 엄마를 좋아하면 아이는 엄마가 원하는 대로 자란다.

10. 학습량을 확인하고 월말에 시상을 한다.

아이가 처음엔 상을 받기 위해 공부를 하더라도 자꾸 하다 보면 어느덧 매일 스스로 공부하는 습관이 붙어서 고학년이 되어도 혼자 공부하게 된다. 일기, 독서, 수학공부, 영어공부 등 아이에 맞게 과제를 정하고 처음부터 많이 하기보다는 익숙해짐에 따라 과제량을 늘리는 게 좋다. 단 일기와 독서는 절대 빼면 안 된다.

4장

공부맛을 아는
아이는 사교육이 필요 없다

사교육 없이
전교 1등을 한 아이

방학 기간 중·고생 두 자녀의 사교육비로 700만 원 정도가 예상되어 적금을 해약한다는 한 회사원의 기사를 읽었다. 반에서 1등하는 아이가 전 과목 과외를 받고 있어 과외 없이는 그 아이를 따라잡을 수가 없다고 푸념하는 딸을 안타깝게 바라보는 어머니의 기사도 읽었다.

그런 기사를 접하면서 한편으론 공감하고 또 한편으론 답답해하는 부모들에게 나는 사교육 없이 최고의 성적을 얻어냈던 딸의 이야기를 정말 들려주고 싶다. 딸은 사교육비를 전혀 들이지 않고 전교 1등을 한 공교육의 성공모델이다.

중·고등학교를 다니며 딸은 학원이나 과외지도를 받은 적이 한 번도 없다. 물론 아무 노력 없이 방치해두었는데 그렇게 돈 안 들이고 바르게 자라주는 아이는 없을 것이다. 대신 나는 아이가 한참 자란 후에 쏟을 교육열의를 미리 앞당겨 아이가 어릴 때 아낌없이 쏟아부었다. 나는 유아기에 필요한 모든 교육을 내가 직접 했다. 유아교사 자격증이 없는 서투른 선생이어도 내 아이에 대한 사랑을 측정하는 기계가 있다면 최고 수치로 나올 게 분명한 사람은 엄마라고 믿었기 때문이다.

나는 인성과 지능 두 방향으로 나누어 아이의 기초학습을 계획하고 실천하였다. 인성발달은 보여주는 모습이 중요하니 바른 부모가 되고자 노력했고 또 권선징악과 삶의 지혜들이 들어 있는 다양한 책 읽기와 매일 밤 적는 마음의 일기에 의존하였다.

학습과 지능계발은 방문교사가 없는 W사의 학습지 도움을 받았다. 따로 교사의 인건비가 포함되지 않으니 교재가격이 모두 제작비에 들어가 저렴한 가격에 비해 내용도 더할 나위 없이 알찼다. 초등학교까지도 이어받아 공부하였는데 이 학습지의 도움으로 스스로 알아서 공부 양을 계획하고 실천할 수 있는 능력을 길렀던 것 같다.

유아기 때 충분한 자극으로 다져진 지능과 초등학교까지 이어진 많은 독서로 이해력이 남달랐던 아이는 따로 사교육을 필요로 하지 않았다. 중학교에 진학하고도 딸은 어느 한 과목 어렵다고 말한 적이 없었고 나는 그런 딸을 믿었기에 조바심을 내지 않았다. 생각해보면 혼자 공부하면서 사교육에 작은 관심조차 두지 않은 매사 당당했던 딸도 연구대상이었지만 나도 간 큰 엄마였다. 사교육 없이도 자신의 의지만 있다면 얼마든지 공부를 잘할 수 있다는 내 믿음에는 조금도 흔들림이 없었다. 학원도 과외도 필요 없다고 말하며 혼자 공부했어도 늘 최상의 성적표를 가져오는 딸이 고맙고 예뻤다.

딸은 인터넷 강의조차 국가에서 시행해 신뢰가 가고 강의 내용도 좋다며 EBS만을 고집했을 뿐 유명강사의 강의라는 입소문만 퍼지면 너도나도 앞다투어 신청해 듣는 유료 인터넷 강의를 신청해본 적이 없다. 중·고생 사교육비로 고3 1년치 독서실비가 거의 전부니 100만 원도 채 안 된다. 그것도 방학이면 하루 종일 시간을 보내야 하니 밀폐된 독서실보다는 넓게 뚫린 도서실이 낫고 또 공부하는 사이사이 가끔 책도 읽고 잡지도 보며 머리도 식히는 게 낫다고 구청에서 운영하는 정보도서관을 이용했으니 일 년 중 방학을 제외한 기간에 다녔던 월 8만 5천 원의 독서실비가 딸이 부모에게서 가져간 사교육비의 전부다.

사교육비가 총 가계지출의 절반을 넘어서고 있으며 중· 고생 자녀들의 사교육비를 마련하기 위해 힘든 부업도 마다않는 주부들이 늘고 있다는 기사를 볼 때면 나는 딸이 정말 자랑스럽고 고맙다. 혼자 공부했어도 어느 한 과목 부족함이 없이 내신도 전교 1등, 수능도 언어·외국어·수학 모두 완벽한 1등급이었던 딸은 올바른 학습법만 익히면 누구나 공교육만으로도 충분히 최고의 성적을 얻을 수 있다는 내 신념의 모델이었다.

덕분에 나는 아이를 가진 부모라면 모두 걱정하는 사교육비라는 말을 나와는 아무 상관없는 말로 느끼고 살았다.

교과서와
EBS만으로도 충분하다

중학교 때까지 학교에서 배우는 내용만 공부하고도 좋은 점수를 받다가 고등학교에 진학하여 교과서 밖 문제들로 구성된 수능형 모의고사를 치르면 대부분의 아이들은 성적이 떨어진다. 그런데 딸은 고등학교 첫 모의고사에서 영어·수학 만점을 받아 학교의 기대주로 인정받았다. 더구나 사교육을 전혀 하지 않는 완벽한 공교육 지지자임을 알게 된 선생님들은 더욱 대견하게 생각하며 응원의 박수를 보내주셨다.

고등학생들의 사교육이 집중되는 언어·외국어·수학도 딸은 사교육 없이 혼자 공부했다. 평소에는 국·영·수 위주로 기본서에 충실하며 수능형 공부를 하다가 중간·기말시험을 열흘 정도 앞두고 내신공부에 주력하였다. 평소 수업시간에 집중하여 들으며 노트필기가 완벽하니 내신공부는 조금만 신경 써도 거의 만점이었다. 전 과목을 통틀어 손가락 다섯 개도 채 꼽지 못할 갯수만큼 틀렸다. 전 과목에서 부분점수 2점을 감하고 올 100점을 받아오기도 했다.

딸은 모든 교육을 학교에 맞췄고 모르는 문제가 있으면 교무실로 찾아가 선생님들께 물어서 해결했다. 학교 선생님들은 혼자 공부하는 아이를 위해 여러 가지 조언을 해주시고 각 과목 선생님들마다 수제자라 부르며 기특해 하셨다. 다른 아이들처럼 밤늦게까지 학원에서 공부하다 지쳐 돌아오는 일이 없으니 수업 시간에 한 마디라도 놓칠까 집중하는 모범학생이었다. 한순간도 놓치지 않고 수업시간 내내 교사를 바라보며 눈을 반짝반짝 빛내는 아이여서 혹시 가르침에 소홀함이 있을까 수업시간 내내 긴장하곤 했다고 한 교사는 내게 말했었다.

딸의 학습 장소는 거의 학교와 집 동네 독서실이었다. 고등학교 1학년 가을까지는 곧장 집으로 와 자기 방에서 공부하더니 가을이 되자 담임선생님께서 학교 야간 자율학습을 권하신다며 학교에 남아 공부하겠다고 하여 방과 후 밤 10시까지 공부를 하고 왔다.

그러다 2학년 가을 무렵부터 야간 자율학습이 끝나고 조금 더 공부하고 싶은데 집으로 오면 리듬이 깨진다고 수능을 치를 때까지 집 근처 독서실에서 공부했다.

172

범위가 넓어 안정적인 점수를 확신하기 어렵다는 언어영역은 1학년부터 꾸준히 공부했다. EBS 인터넷 강의를 이용해 난해한 부분이라고 생각했던 시부터 듣고 국어듣기 공부도 함께 했다. 딸은 재방송보다는 본 강의가 나오는 시간을 지켜 들었다. 녹화된 방송을 보게 되면 공부를 미루는 습관이 생길 수도 있다는 것이었다. 영어듣기는 수·목, 국어듣기는 금·토 늦은 시간에 방송되었는데 가족과 함께 외출했다가도 그 시간이 되면 꼭 들어갔다. 바쁜 틈을 내어 책읽기도 게을리 하지 않았다. 국어 선생님이었던 담임선생님은 딸에게 여러 가지 책을 추천해주시고 책을 읽은 후의 생각을 들어주시곤 했다. 학교공부와 책과 EBS 방송강의만으로 딸은 수능에서 언어영역 60문항 만점을 받았다.

해외에 안 나가고도
원어민 발음을 하는 비결 : 섀도 리딩

사교육 없이 공부하기 어렵다고 남들이 말하는 외국어 영역도 딸은 혼자 공부했다. 초·중·고를 통틀어 해외 어학연수는 고사하고 동네 영어학원도 한 번 다녀본 적이 없다.

부족한 부분은 EBS를 통해 보충하고, 공부하다 나오는 어려운 단어와 숙어는 단어장에 깨알같이 메모해 들고 다니며 외고 또 외웠다. 단어공부란 무조건 종이사전을 찾아 읽어보고 밑줄 그어가며 내가 찾아본 단어인지 확인해 기억창고 문도 두드려보고 정리하며 공부해야 자기 것이 된다고 강조한 고지식한 엄마는 고3이 되어서야 전자사전을 사주었다.

영문법의 오랜 고전인『성문 종합 영어』를 분철하여 갖고 다니며 틈나는 대로 읽었고 서점에서 독해 문제집을 여러 권 사서 반복해 풀어보았다. 영어듣기 실전평가도 EBS를 통해 꾸준히 공부하여 듣기 부분에서 실수하지 않도록 체크했다.

시험을 위한 영어공부가 되지 않게 하기 위해 딸은 작문이나 발음 연습도 게을리 하지 않았다. 실제로 딸은 혼자 공부하는 사람들에게서 단점으로 발견된다는 발음 또한 유창하다. 발음은 인터넷을 검색하다가 발견한 영어전문 사이트의 도움을 받았다. 그 사이트에서 흐르는 원어민의 발음을 그림자처럼 따라 읽는 섀도 리딩을 하였는데 오랫동안 큰 소리를 내어 원어민의 억양과 발음을 똑같이 흉내 내다 보니 딸의 발음이 그렇게 변하게 된 것이다.

지난 학기 딸은 신입생 교양 필수과목인 실용영어를 수강하였다. 해외 어학연수 경험도 많은 실력 있는 학생들과 여러 사람 앞에서 이야기도 하고 연극도 했는데 발음이 원어민 못지않다는 칭찬을 들었다고 한다. 사교육 없이 공부해도 내신 수능공부는 물론 대학공부에서도 조금도 주눅들지 않고 빛났다. 딸은 영어과목 성적으로 A+를 받았다.

EBS 외에 서울시 교육청의 꿀맛닷컴도 딸이 토익공부를 하겠다고 자주 들렀던 사이트였다. 입은 늘 중얼거리고 귀로는 듣고 손으로는 열심히 쓰고 머리로는 생각하며 외국어를 공부하는 딸에게 사교육은 필요하지 않았다. 수능 외국어 영역에서 딸은 아쉽게 한 문제를 틀려서 1등급이었다.

수학책이 소설책처럼
재미있어지는 비결

공부를 잘하는 아이들조차 어려워하는 수리영역 과목도 딸은 어려워하지 않았다. 수학공부의 경우는 자기가 늘 보았던 기본서를 여러 번 보았다. 초등학교 때 수학 기초는 내가 도와주었는데 아주 기본이 되는 교재인 C교육의 H교재를 선택해 놀이처럼 재미있게 공부하였고 『문제해결의 길잡이』와 『생각하는 수학공부』를 보충교재로 풀었을 뿐 따로 심화문제를 가르치지는 않았다. 그런데도 기본이 충실하니 응용이 많은 심화문제를 잘 풀어나갔다.

수학 10-가·나는 고등학교 입학 전 혼자 틈틈이 공부했고 고1 때는 복습만 했으며 언어와 외국어에 많이 치중하였다. 자신의 계획대로 고1 겨울방학 때 딸은 수능 치를 수학의 기본 내용 공부를 끝냈다.

혼자『수1 정석』을 보며 공부했는데 하루에 한 단원씩 한 달 만에『수1 정석』모두를 마스터했다. 비싼 돈 들이며 일 년이나 수학 개인지도를 시켰는데도 교재의 반도 채 못나갔다고 투덜대는 엄마들의 얘기를 들으며 나는 계획한 대로 실천해내는 딸의 끈기와 지구력에 감탄했다.

"혼자 공부하기 힘들지 않니? 힘들면 말해. 학원 보내줄게."

나는 딸이 안쓰러워 지나가는 말로 물었다.

"걱정 마세요 엄마. 수학이 뭐 별거예요? 풀다 모르면 알 때까지 풀고 또 푼다! 그러면 수학도 제게 굴복한답니다."

고등학교 2학년까지 10–가·나, 수1 정석을 여러 번 반복하여 풀었고 고3이 되면서 문제훈련을 했다. 딸은 책에는 어떤 표시도, 풀이도 하지 않고 연습장에 문제를 풀었다. 여러 번 보아야 하는데 풀이가 적혀 있으면 다시 생각해볼 기회를 안 준다는 거였다. 문제를 풀고 나면 자신이 푼 문제보다 더 나은 풀이법이 있나 보기 위해 해답을 꼭 읽어보았다. 늘 새 책처럼 깨끗했던 딸의 수학책은 가볍게 읽고 스쳐간 소설책 같았지만 그 안엔 혼자 궁리하며 해답을 찾아 몇 번이고 보았던 딸의 놀라운 지구력과 노력이 숨어 있다.

어렸을 때부터 수학을 좋아했던 딸에게 수리영역은 비교적 수학에 약한 사람들이 많은 문과에서 전략과목 역할을 톡톡히 하였다. 3년 동안 치른 모의고사에서 한 번도 1등급을 놓친 적이 없었다. 수능에서 딸은 아깝게 한 문제를 틀렸지만 높은 1등급을 받았다.

되돌아온 **상품권**

아혜가 중1이던 가을, 추석을 앞둔 어느 날이었다. 나는 쇼핑센터를 빙빙 둘러보며 이것저것 만져보고 있었다. 내가 세련되거나 센스 있는 여자가 못 되는 건 물건 고르는 걸 보면 대번 안다. 색도 우아하고 고상한 갈색 톤의 중간 계열 색을 싫어하고 대부분의 사람들이 촌티 난다고 말하는 밝은 순색을 좋아한다.

아직도 20대 초반인 듯 하늘색, 연보라색, 핑크색, 아이보리색 블라우스를 사와서 딸보고 "이거 어때? 예쁘지?" 하면 엄마 안 닮고 세련이 철철 넘치는(?) 딸은 "아이고! 저 아무 말도 안 할래요. 엄마, 예쁘게 입으세요" 하며 제 방으로 쏙 들어갔다.

세일하는 옷을 사다주었다가 아이가 맘에 안 들어 해서 내가 입게 된 일도 한두 번이 아니다. 그러니 고마운 분의 선물을 사러 백화점에 가서도 여간 고민이 되는 게 아니었다.

그분이란 딸의 담임선생님을 말한다. 두 아이가 초등학교 다닐 때에도 촌지에 대한 내 소신을 지키며 꿋꿋하게 견뎠는데 큰딸이 중학생이 되면서 만난 담임선생님의 열정적인 교육열을 전해듣고는 마음속에서 감동이 일어나 무언가 꼭 감사 인사를 하고 싶었다.

30대 초반의 여성이었던 담임선생님은 반 아이들에게 모둠일기라는 걸 쓰게 하셨다. 여섯 명씩 여섯 그룹을 지어 각자가 돌아가면서 차례로 자신의 일기를 쓰게 했는데 매일 하루도 거르지 않고 모든 아이의 글에 엄마처럼 꼼꼼히 꼬리글을 달아주셨다.

"엄마, 우리 선생님은 정말 최고예요. 식사도 선생님들끼리 안 하시고 도시락 싸갖고 오셔서 우리랑 교실에서 드셔요. 빨리 드시고는 우리가 쓴 일기 여섯 권 다 읽으시고 일기 아래 답글을 달아주시면서 격려해주셔요. 수업이 없는 시간에도 쉬시지 않고 우리 일기 읽으시고 글 쓰시고……."

학기 초에 딸에게 이 이야기를 듣고 가슴이 뭉클했다. 일기의 답글이 아이 바로잡기에 미치는 영향을 누구보다 잘 알고 있었기에 나는 정말 감동했다. 두 아이 기르면서 내가 엄마로서 해준 가장 큰 일을 꼽으라면 두 아이 초등학교 6년 동안 일기장 아래 꼬리글 적은 걸 들 수 있을 만큼 그건 정말 쉽지 않은 일이었다.

기쁘거나 즐거운 내용이 씌어 있으면 잘 했구나 칭찬해주면 되지만 일기 내용이 우울하거나 슬플 땐 잠든 아이를 지켜보며 아이에게 위로해줄 말을 찾느라 30분도 넘게 고민해 두서너 줄을 적은 적도 많았다.

그런데 두 아이에게 하는 것도 힘든데 하루 일과가 빠듯한 선생님이 매일 여섯 권을 읽고 답글을 쓰기란 결코 쉽지 않았을 것이다.

또 모든 아이에게 골고루 애정과 관심을 보여주시고, 주요 과목을 당번을 정해 돌아가며 학급 아이들에게 가르치게 하는 열정까지 보여주셨다. 그래서 난 추석을 맞아 예쁜 선물을 하고 싶었는데 결국 쇼핑센터를 빙빙 돌다가 상품권을 하나 사들고 돌아와 예쁜 편지지에 편지를 썼다.

선생님께 꼭 어울리는 스카프 하나 선물하고 싶어 둘러보았는데 고르지 못했습니다. 예쁘지 않은 모양새로 마음 전하는 거 이해해주시고 받아주시기 바랍니다.

그리고 국화가 그려진 예쁜 월간잡지를 한 권 사서 포장해 전해드렸다. 그런데 며칠 후 딸은 선생님이 엄마 갖다 드리라 했다며 포장한 CD를 전해주었다. '연가'라는 제목이 붙은 CD였는데 가을에 어울리는 음악이 아롱다롱 모여 있었다. 포장지를 뜯어보니 예쁜 엽서가 하나 있고 거기에 작고 단정한 글씨가 정연하게 적혀 있었다.

　　CD를 하나 전합니다. 네 개가 세트인데 어머님이 꼭 좋아하실 것 같은 것이 있어 그중 하나를 가벼운 마음으로 전합니다. 가요라서 오래 듣지는 못하지만 가끔 한가해지시면 휴식이 되시기를 바랍니다. 그리고 어머님 마음 너무 잘 알기에 죄송한 마음이 더 크네요. 제 마음 편하자고 어머님 마음 불편하게 해드리는 거 같아 정말 죄송합니다. 너그럽게 이해해주시기 바랍니다.

　　포장지 속에는 내가 전한 상품권이 수줍게 들어 있었다. 교육의 위기, 교사의 촌지문제 등 어지러운 소식을 접할 때마다 곧은 교육관을 소신껏 펼치시던 선생님을 떠올리며 '아직은 희망이 남아 있음'을 마음속으로 외친다.

　　내 마음속에 늘 '감사함'으로 자리 잡고 있는 선생님. 지금쯤 다른 학교로 전근 가셨을 텐데 딸에게 선생님 이메일 주소를 물어 단풍그림 있는 음악메일이라도 보내드려야겠다.

향기로운 **종이꽃**

아들이 다섯 살 되던 생일날, 근처 사는 손아래 동서가 조카 생일선물이라며 종이로 만든 꽃 몇 송이를 바구니에 담아왔다. 그 꽃이 어찌나 예쁜지 그날 밤 나는 한 송이를 살짝 분해해(?) 밤새도록 꽃 만들기를 연습했다.

그날 이후 종이공작은 내 취미생활의 하나가 되었다. 그 당시 나는 종이접기가 아이들의 뇌 발달에 좋기 때문에 그룹을 지어 종이접기를 가르친다는 주변 엄마들의 이야기를 들은 적이 있다. 다섯 살, 여섯 살이던 아이 둘이 일주일에 한 번 배우려면 10만 원도 넘는 돈이 들 텐데 이 기회에 접기 놀이를 같이 해봐야겠다는 생각이 들어 종이접기 책과 예쁜 색종이를 샀다.

책을 보고 한참을 궁리하여 금붕어 한 마리를 접어 스케치북에 붙이고 나머지 여백은 아이들에게 크레파스로 그림을 그리게 했다. 푸른 바다에 입체적으로 튀어나온 금붕어는 살아서 파닥거리는 듯했고 연둣빛 들판을 배경으로 드러난 꽃 한 송이는 향기를 내뿜는 듯 생생했다.

아이들은 일주일에 한 번 엄마와 약속한 종이접기 놀이 시간을 기다렸고 그 작은 손으로 신기하게 뭔가를 접어내며 즐거워했다. 종이접기를 배운 적도 없고 전문가도 아니니 근사한 작품을 만들 능력은 없었지만 그렇게 아이들보다 더 즐거워하며 종이접기 놀이를 하다 보니 정말 자신 있게 만들 수 있는 것이 생겼다. 바로 동서에게서 선물 받은 그 꽃이었다.

도라지꽃처럼 생긴 것 같아서 내가 도라지꽃이라 이름붙인 그 꽃은 먼저 꽃잎 다섯 개를 각각 만들어 풀로 붙이고 수술을 단 철사에 끼워 플로랄 테이프로 감은 뒤 잎을 두어 개 매달아 완성한다. 꽃잎 하나 만드는 데도 정성과 시간이 여간 들지 않고 또 어떤 꽃보다 정교함을 요구하는 거라 초보자가 만들기엔 그리 쉽지 않으나 만들고 나면 누구나 예뻐하는 입체꽃이 된다. 1년 정도 지나 내 종이꽃 접기 실력이 무르익어 갈 때쯤 딸이 초등학교에 입학했고 스승의 날이 다가오고 있었다.

딸의 초등학교 첫 번째 담임이 된 고마운 선생님께 내 정성을 선물하기로 작정했다. 마음을 정하고 나니 바빴다. 시부모님 모시고 직장 생활을 하다 보니 여유시간은 조금도 없었다. 더구나 이제 초등학교에 입학한 아이이니 이것저것 신경 써야 할 부분도 적지 않았다. 나는 촌음을 아껴 꽃잎을 만들었다.

자동차를 운전할 줄 모를 때 나는 버스를 타거나 전철을 타고 다녔는데 차만 타면 늘 그 꽃잎을 만들었다. 거실에 가족이 모여 텔레비전을 볼 때도, 아버님과 가락시장 가는 차 안에서도 나는 바삐 손가락을 놀려댔다.

거의 한 달 가까이 자투리 시간을 모아 종이 꽃잎을 접었고, 스승의 날을 며칠 앞두고 작품을 만들기 시작했다. 접어놓은 꽃잎을 붙이

고 가장 힘든 철사 자르기는
아버님께 부탁했다. 꽃바구니
를 풍성하게 하려면 적어도
서른 송이는 만들어야 했다.
그러려면 꽃잎만 150개를 접
어야 하는 거대작업이었다.
밤을 꼴딱 새우며 꽃바구니를
만드는 나를 보며 남편은 도

와줄 생각은 않고 한심하다는 듯 혀를 끌끌 차며 말했다.

"그만하고 자라, 응? 네가 며칠 밤 새우며 만든 종이꽃 바구니와
다른 엄마가 학교 가는 길에 사들고 간 양말 박스가 바람이 불어 동
시에 날아간다고 생각해보자. 살림에 아무 도움도 안 되는 종이꽃 바
구니를 잡으러 가겠니? 아니면 양말 바구니를 잡으러 가겠니? 쓸데
없는 짓 하지 말고 내일 학교 가는 길에 양말 한 박스 사서 감사합니
다 하고 전해라, 응?"

큰 소리로 나를 무시하는 남편 말에 잠시 내가 진짜 멍청한 여자인
지 헷갈렸지만 곧 다시 정신을 차리고 마음을 정리했다.

'선물에는 주는 사람의 마음과 정성이 담겨 있어야 한다. 비록 코
로 느껴지는 향기는 없지만 선물받을 사람을 생각하며 정성을 담아
만든 꽃에는 그 어떤 것도 흉내 낼 수 없는 마음의 향기가 있다. 내가

동서에게서 작은 꽃바구니를 받고 그 어떤 화려한 선물보다 정성에 감동했듯이 선생님도 아주 기뻐할 거라고 생각한다.'

내 생각이 맞았다. 남편의 억지와는 달리 꽃바구니에 감사의 엽서까지 한 장 끼워 전달하자 눈이 컸던 남자 선생님은 무척 좋아하셨다. 다른 생화들은 일주일이 지나자 시들어 하나 둘 사라졌지만 내가 만들어드린 꽃바구니는 오래도록 혼자 남아서 교실을 환하게 밝혀주었다.

그 후로도 딸이 3학년이 될 때까지 나는 해마다 스승의 날 종이꽃 바구니를 선물했다. 아들까지 입학해 1학년, 3학년이 되었을 때는 바구니를 두 개나 만들어야 했기 때문에 좀더 서둘러서 꽃잎을 접어야 했다.

딸이 고학년이 되면서는 나도 너무 바빠졌고 자기 선생님은 자기가 챙겨야 한다는 명분을 내세우며 내 종이꽃 선물은 중단되었다.

그런데 요즘 나는 새로운 사실을 알게 되었다. 내 나이가 그 열정을 떨어뜨린 게 아니라 아이들이 자라면서 나도 덩달아 시들해졌다는 걸. 남편 말처럼 아무짝에도 필요 없는 그 열정이 새봄 귀공이의 입학과 동시에 슬슬 기어나오고 있는 것이다.

귀공이 교실 뒷면에 개나리를 만들어 붙여주고 싶고 도라지꽃을 매달아 주고 싶은 열망이 40대 중반의 나이에 되살아나는 건 정말 놀라운 일이었다.

지난 스승의 날, 나는 귀공이와 둘이서 알록달록한 색종이로 근사한 종이꽃 바구니를 만들어 담임선생님께 감사한 마음을 담아 전했다. 고사리 같은 손으로 만들며 내내 선생님을 생각하는 귀공이의 마음이 종이꽃 속에 가득 담겨 있었다.

교직은 사명감 없이는 하기 어려운, 하늘이 부여해준 직업이라고 생각한다.

학부형이 주는 눈에 보이는 물질의 크기로 학생들에게 가는 애정에 차이를 두는 선생님은 극히 일부라고 생각한다. 두 아이를 키우면서 마음만 있을 뿐 감사하는 마음을 물질로 표현하는 데 부족했어도 초·중·고를 통틀어 아이는 그 문제로 단 한 번도 서운한 일을 겪지 않았고 오히려 자기 일을 스스로 잘한다고 과분한 관심과 칭찬을 받았다.

학교는 살아 있으며 학생과 선생님, 학부모가 한마음이면 모든 교육은 가능하다고 믿는, 내 절대적인 공교육 사랑에는 변함이 없다.

책 읽는 소녀,
책 권하는 스승

고1 때 딸은 늘 말했다.

"난 사람 복이 참 많은 거 같아요. 우선 우리 엄마. 그리고 내가 만난 친구들, 선생님들…."

생각해보면 딸의 말은 틀리지 않았다. 엄마를 잘 만났다 여기는 건 모든 자식이 다들 제 엄마를 좋아하는 법이니 그렇다 치고 정말 좋은 선생님들을 만났다. 제2의 엄마 같다고 말했던 피아노 선생님을 비롯하여 초등·중등시절 내내 만났던 담임선생님들 역시 이런 선생님들이 있어 우리나라 교육의 미래가 밝다고 외치고 싶을 만큼 좋은 분들이셨다.

고등학교를 진학한 그 해 딸은 든든한 산같이 기댈 수 있는 또 한

분의 은사를 만나게 되었다. 담임인 국어선생님은 독서를 좋아하는 딸과 환상의 콤비를 이루어냈다. 담임선생님은 책을 좋아하는 딸에게 책을 추천해주어 읽게 하고 그 책을 읽고 나서 두어 마디 토론을 하고 또 다른 책을 추천해주는 릴레이 독서를 했다. 딸이 나와 초등학교 6년간 릴레이 일기를 쓰던 그 기분을 느낀다니 제3의 엄마를 만난 셈이었다.

신학기 초 담임선생님을 만났을 때 그분은 말씀하셨다.

"이 아이에게서 나는 희망을 봅니다. 이 아이와 만난 것이 얼마나 기쁘고 행복한지요. 우리 반의 흐름을 잡아갈 거라 믿습니다."

어느 날 학교에서 돌아온 딸에게서 매우 기쁜 얘기를 들으며 학기 초 담임선생님이 확신을 가지고 했던 그 말이 떠올랐다.

"엄마, 내가 쉬는 시간마다 독서를 하고 있으니까요, 우리 반 아이들이 요즘 모두 쉬는 시간마다 책을 읽어요. 정말 뿌듯하고 기뻐요. 아시죠? 우리 반이 공부, 태도, 운동 모두 1학년에서 최고인 거. 우리 선생님이 무척 좋아하세요."

"잘했다. 정말 잘했다. 그렇게 중심을 가진 한두 사람의 강한 힘으로 전체를 이끌 수가 있단다. 계속 좋은 분위기를 이끌어라."

나도 기뻐서 흥분된 목소리로 말하며 어깨를 두드려 주었다.

그러면서 문득 생각했다. 어떤 이상적인 목표를 세우고 실천해 가고자 할 때 모두 모이자, 의논해서 그렇게 하자, 왜 안 되니, 되게 하

189

자…… 등등의 과정을 밟으며 탁상공론의 시간을 보내는 것보다 의지 강한 누군가 앞서서 몸소 실행에 옮김으로써 주변으로 잔잔하게 확산시키는 것이 더 나을 수 있다. 아무 말 없이 주변의 소용돌이에도 아랑곳없이 조용히 앉아 책을 읽는 소녀처럼 생각 있는 사람들 각자 자기 의지대로 행동하면 모두의 마음과 생각 또한 자연스레 그렇게 될 것이라 생각한다.

사교육 없이 일등 아이로 키우는 교육법

1. 학교와 교사를 절대적으로 믿어라.

교사는 이미 그 분야에 관해 교육적 자질이 있음을 교육부에서 인정받은 사람이다. 학생과 학부모의 신뢰와 기대를 받을 때 학교와 교사는 더욱더 좋은 가르침을 주고자 노력하게 된다.

2. 학교의 모든 프로그램과 행사에 적극 참여하고 학교 보충학습을 이용하라.

학부모 모임이나 학교행사에 적극 관심을 갖고 참여하며 학교의 연간 계획을 알아서 아이가 행사에 적극 참여하게 한다. 학교에서 하는 방과 후 활동이나 방학특강 등도 좋은 학습보조 수단이다.

3. 학원공부와 학원숙제로 학교공부가 뒷전이 되지 않도록 한다.

수업시간에 학원숙제를 하거나 몸이 지쳐 피곤하여 졸다가 수행점수를 깎이는 아이들도 있다. 학교공부에 방해를 줄 정도의 사교육은 자제하고 학교교육에 최우선하라. 아무리 좋은 학원성적도 학교성적만큼 성취감을 주지는 못한다.

4. 부모가 교사를 신뢰하고 있음을 보여라.

아이 앞에서 학교와 교사에 대해 불신하는 말을 하지 않는다. 스승의 날에 교사를 위해 정성이 깃든 선물을 아이와 함께 마련해보는 것도 엄마가 교사를 믿는다는 마음을 아이에게 느끼게 해줄 수 있다.

5. EBS나 인터넷 사이트 등을 적극 활용하라.

학교 공부의 보조수단으로 가장 좋은 것은 국가에서 시행하는 교육
방송이나 인터넷 사이트다. 국가에서 사교육 보조수단으로 마련한
것이니만큼 양적·질적으로 사교육을 대체할 수 있을 만큼 충분한
서비스가 제공되고 있다.

6. 학교도서관이나 공공도서관을 이용하라.

학교도서관이나 공공도서관 시설은 날로 좋아지고 있다. 신간을 많
이 구입하고 시설 또한 학생들이 공부하기에 최적의 상태로 거듭나
고 있다. 좋은 책을 무료로 빌려 읽을 수 있고 또 여러 사람들과 함께
열람실에서 공부하면서 혼자 공부하는 답답함에서 가끔 벗어나 경
쟁심도 기를 수 있다.

7. 듣기평가는 평소에 해둔다.

국어듣기 6문항, 영어듣기 17문항은 하루아침에 공부하기 어려운
부분이며 의외로 이 부분에서 점수를 놓치는 경우가 많다. 국어평가
의 경우 EBS의 교재를 구해 공부하면 듣기공부와 함께 다양한 지문
의 비문학 공부까지 겸할 수 있다. 영어는 원어민의 발음이 흐르는
어떤 교재라도 좋으며 EBS 영어방송국을 이용하면 무료로 공부할
수 있다.

8. 영어 발음은 섀도 리딩으로 해결한다.

원어민 수업을 받거나 어학연수를 가야 발음이 좋다고 생각하는 것은 잘못이다. 혼자 공부하는 학생들도 얼마든지 유창한 발음을 할 수 있다. 테이프나 CD 또는 인터넷의 영어방송 등 어느 것이든 원어민의 발음 바로 뒤에 그림자처럼 그대로 붙어 따라하는 훈련을 하면 원어민 같은 발음을 할 수 있다.

9. 수학은 개념을 확실히 이해하게 하라.

어려운 문제를 많이 풀려고 노력하기보다 어렵지 않은 기본서를 몇 번이고 반복해서 개념을 확실히 아는 것이 중요하다. 기본을 이해한 다음엔 심화문제를 풀어야 하는데 이 경우 어려운 문제에 부딪히면 물어서 해결하려고 하기보다는 답을 보고 이해하려는 노력을 해야 많은 문제를 풀 수 있고 이해력을 높일 수 있다.

10. 수능형 공부를 위주로 하면 내신은 어렵지 않다.

평소엔 수능형 공부를 깊게 하고 내신 시험 기간에는 학교공부 진도에 맞춰 공부한다. 내신형에 맞춰 얕게 공부하면 수능에서 고득점을 받기 어렵다. 물론 평소 학교 수업시간에 절대적으로 집중하는 것이 전교 1등의 비결이다.

5장

지성·감성·인성
삼박자를 갖춘 아이

엄마와의 **추억**은
아이의 **마음**을 살찌운다

딸이 고2 때 숙제로 쓴 글을 우연히 읽은 일이 있다. 제 방에 둔 프린터가 고장 나 엄마 컴을 쓰면서 글이 남아 있는 바람에 보게 된 것이다. 딸의 마음이 담긴 글을 읽으면서 여러 생각이 들었다. 어른이 생각하기에는 별일 아닌 것에도 아이는 큰 의미를 두고 있었음을 새삼 깨달았다.

학교에서 '엄마와의 사연이 담긴 어린 시절의 물건에 대하여'라는 주제로 숙제를 냈다니 훗날 고교생 자녀의 숙제거리를 위해서라도 엄마들은 가끔 물건에 얽힌 사연도 만들어주어야겠다는 생각도 들었다. 여고 2학년이 국어숙제로 쓴 과제물을 살짝 올려본다.

제목 : 모녀바위

내가 아주 어렸을 때부터 엄마는 나를 친구처럼 키우셨다. 엄마는 어쩌면 내가 엄마에게 그랬던 것보다 더 많이 내게 당신의 고민을 털어놓으셨고, 나는 열심히 그 얘기를 들어드리며, 가끔은 내 나름대로 조언까지 했던 것으로 기억한다. 그리고 어린 내 눈엔 큰 사람으로만 보이는 엄마가 나에게 이런저런 고민을 얘기한다는 사실, 또 난 그것을 동등한 입장에서 진지하게 들을 수 있다는 사실이 문득 자랑스러워지곤 했다.

초등학교 시절부터 중2 때까지 8년 동안이나 우리 가족과 함께했던 한양 빌라로 이사온 건 내가 유치원에 다니던 해 여름이었다. 여느 빌라와 다르게 이곳에는 거실 창문에서 바로 내려다보이는 넓은 정원이 있어서 우리 가족이 참 좋아했다. 우리는 그곳을 비밀의 화원이라 불렀다. 이사온 첫날, 엄마는 이삿짐을 정리하다가 잠깐 쉴 겸 빌라 주변을 산책하자고 하셨다. 정원을 한 바퀴 크게 돌고 빌라 후문 입구까지 왔는데, 그때 마치 의자처럼 평평한 바위가 눈에 띄었다. 딱 두 사람이 편하게 앉을 수 있는 크기였다. 엄마와 난 그곳에 잠시 앉아서 얘기를 나누었다. 그날 이후 그 바위 이름은 '모녀바위'가 되었다. 우리 빌라 사람들은 맑은 날 저녁이면 가끔 그 위에 앉아 도란도란 얘기를 나누는 사이좋은 모녀를 볼 수 있었을 것이다.

엄마와 난 그 모녀바위 위에서 시간을 많이 보냈다. 엄마가 늘 바빴기 때문에 어린 시절 내게 그 시간은 정말 행복했다. 엄마의 어린 시절 얘기, 하루 동안 있었던 일, 내가 학교에서 겪었던 자질구레한 사건들……. 얘기를 하다

보면 어느새 모녀바위에서 바로 내려다보이는 후문으로 아빠가 들어오시곤 했다. 학년이 높아지고, 엄마도 점점 더 바빠지시면서 우리가 모녀바위에서 함께하는 시간이 줄어들었지만, 그곳이 존재한다는 사실은 언제나 내게 큰 힘이 되었다.

중학교 2학년 때 이곳으로 이사오면서 가장 아쉬웠던 건, 늘 비둘기에게 모이를 주시던 정든 경비아저씨보다도, 동생과 나만 아는 비밀의 화원 안의 아지트보다도 어쩌면 엄마와 나의 비밀 얘기를 하나도 빠짐없이 엿들은 모녀바위를 떠나는 것이었는지 모르겠다. 꼭 엄마와 나만의 공간이 아니라 또 다른 누군가의 쉼터였을지도 모르지만 적어도 우리에겐 정말 특별한 장소였다, 그곳은.

문득 생각나는 시 구절 하나. 김춘수의 꽃.

내가 그의 이름을 불러주기 전에는

그는 다만

하나의 몸짓에 지나지 않았다.

내가 그의 이름을 불러주었을 때

그는 나에게로 와서

꽃이 되었다.

처음에 그것은 그저 커다란 바위, 돌덩이에 불과했다. 하지만 엄마와 내가 이름을 짓고 그 이름을 불러주었을 때부터 모녀바위는 우리에게 정말 소중한 장소가 되었다. 한양빌라에 살았던 8년 동안도 그랬고, 지금도 마찬가지다. 그리고 그곳에서 엄마와 함께 보낸 늦은 밤 고요했던 시간은 잊을 수 없는 내 유년시절의 소중한 기억이다.

악기는 평생친구

딸에게는 엄마 같은 선생님이 한 분 계시다. 딸이 초등학교 1학년 때부터 중3까지 10년 가까이 피아노를 가르쳐주신 선생님이다. 딸은 일주일에 두 번 집에서 멀지 않은 선생님 댁으로 레슨을 받으러 다녔다. 딸은 선생님에게서 피아노만 배운 게 아니라 엄마에게서 부족한 여러 가지 삶의 지혜까지 배우며 엄마처럼 좋아했다.

늦둥이가 태어나 일곱 식구 뒤치다꺼리에 일까지 겹쳐 바쁜 엄마에게 미처 말하지 못하는 작은 일까지 선생님께 말씀드리며 조언을 구하고 선생님 또한 친딸처럼 그렇게 정성껏 살펴주셨다. 나는 내 딸이 사춘기를 전혀 겪지 않았다고는 생각하지 않는데 나도 모르는 새 마음의 고민을 선생님과 나누며 해결했는지도 모르겠다.

선생님은 피아노만 가르친 게 아니었다. 자신감 가지고 바르게 자라나도록 살펴주는 진정한 어른이셨다. 학기 초만 되면 선생님은 딸에게 "학급 피아노 반주자를 뽑는다 하면 꼭 네가 하겠다고 해라. 그러면 피아노 실력이 많이 는단다"라고 말씀하셨다. 반에서 피아노를 제일 잘 쳤던 딸은 늘 피아노 반주자가 되었으며 선생님께 따로 음악책 반주법을 레슨받기도 했다.

딸이 6학년 때 전교회장에 출마했을 때는 레슨받는 같은 학교 아이들에게 딸을 소개하여 딸의 당선을 도운 홍보 도우미이셨다.

선생님은 여러 아이들을 지도하셨다. 선생님도 가정이 있어 바쁘셨을 텐데도 지치거나 짜증스러운 얼굴을 단 한 번도 본 적이 없다. 아이들의 레슨공책에 적어주는 글씨는 감탄할 정도였다. 아이들을 정성을 다해 지도하려는 마음을 그대로 드러낸 듯 한결같이 가지런하고 단정했다.

딸이 중3이 되자 선생님이 나를 부르셨다. 피아노를 무척 잘 쳐서 전공을 해도 손색이 없겠지만 그러기엔 공부를 잘해서 아까우니 이제 그만 치는 게 좋겠다고 하셨다.

피아노 치는 걸 행복해 하기에 남들 학원 가방 들고 공부하러 다니든 말든 한가하게(?) 피아노 치러 다니게 둔 나는 그제야 딸에게 잠시 피아노를 중단하자고 말했더니 딸은 서운해하면서도 엄마의 뜻을 따랐다. 늘 마음에는 있으면서 선생님께 제대로 감사의 표현을 못하다가 마지막 레슨받는 날 인사를 드렸다.

"저희 집이 대가족인 걸 배려하셔서 10년 동안 레슨비도 올려받지 않으시고 무엇보다 딸에게 엄마 역할을 저 대신 해주셔서 정말 감사합니다. 딸이 선생님을 엄마처럼 좋아하고 고마워한답니다."

그러자 선생님이 도리어 나에게 고맙다시며 말씀하셨다.

"아니에요, 어머니. 아혜를 가르치는 10년 동안 제가 행복했습니다. 아혜는 저와 그렇게 오랜 시간 같이했으면서도 학생이 교사에게 갖추어야 할 예의를 단 한 번도 어긴 적이 없었습니다. 늘 반듯했고 그러면서도 저에게 여러 가지 얘기를 즐겁게 하는, 다정하고 밝은 아이였죠. 아이들을 여럿 가르쳤지만 아혜처럼 기본이 바로 된 아이는 드물었습니다. 아이들이 여름에 레슨을 받으러 올 때는 맨발에 슬리퍼를 끌고 오는 경우가 많이 있습니다. 하지만 아혜는 단 한 번도 양말을 신지 않고 온 적이 없습니다. 물론 슬리퍼를 신고 온 적도 없지요. 좋은 제자를 만나 저도 행복했습니다."

난 깜짝 놀랐다. 딸이 그렇게 오랜 시간 피아노를 치러 다녔지만 나는 낮에 집에 없었기 때문에 양말을 신고 가는지 슬리퍼를 끌고 가는지 정말 몰랐다. 내가 어떤 차림으로 가야 하는지 말해준 적도 없었다. 그런데 내 딸이 선생님이 흡족해하는 차림으로 다녔다는 것이 기뻤다. 또 선생님과 가까우면서도 기본 예의를 지킬 줄 아는 제자였다는 것이 기뻤다. 그리고 피아노를 가르치시면서도 섬세하게 아이들을 관찰하고 저마다 바르게 이끌어주려 노력하시는 선생님을 대하면서 가르침을 많이 얻었다. 피아노 레슨을 그만두고 나서도 딸은 중요한 일이 있으면 선생님께 전화하고 찾아뵙기도 했다. 그런데 그 선생님과의 인연은 큰딸에게서 끝날 것 같지 않다.

작년부터 귀공이는 선생님께 레슨을 받기 시작했다. 엄마 뱃속에서부터 언니의 피아노 소리와 엄마의 동요를 듣고 자라서인지 막내의 음감은 거의 신동 수준이다. 어떤 노래든 들은 대로 정확한 음을 찾아내고 배운 적도 없이 혼자 두 손으로 피아노 반주를 하며 쉬운 노래를 치기에 선생님께 부탁했다. 선생님은 언니 못지않게 뛰어난 신동이며 보배라고, 늦둥이 잘 낳으셨다고 귀공이를 추어올리셨다. 피아노를 한동안 열심히 치다가 언니 수능시험이 가까워 오면서 잠시 쉬었다. 수험생 있는 집이니 모든 소음을 내지 말자는 배려에서였다.

귀공이가 초등학교 생활에 어느 정도 적응이 되면 다시 피아노를 시작할 생각이다. 공부도 중요하지만 자신이 좋아하는 악기 하나쯤 다룰 줄 안다면 삶은 훨씬 풍성해지리라고 믿는다. 악기는 힘들고 외로울 때 힘이 되어줄 평생 친구이고 재산이다.

나도 뭔가 일이 잘 안 풀려 고래고래 큰 소리를 지르고 싶을 때는 산으로 올라가는 대신 딸의 방으로 들어가 신호를 보낸다. 딸은 방긋 웃으며 피아노 앞에 앉아 내가 좋아하는 동요 「선생님」을 쳐준다.

"5월이 되면 그리워져요. 5월이 되면 생각이 나요. 내가 이만큼 자란 모습을 보여드리고 싶어지는데. 아~ 선생님 지금은 어디에~ 어떤 아이들에게 예쁜 꿈 심어주시나요 보고픈 선생님~"

이 노래를 부르면 가슴이 뭉클해진다. 나에게 꿈을 심어주시던 선생님이 그립고 나도 훗날 누군가의 기억 속에서 그런 사람이 되고 싶은 바람에 가슴이 콩닥거린다.

내 아이들을 지금의 모습처럼 밝고 환하게 길러낼 수 있었던 건 엄마의 손길이 부족한 곳을 구석구석 살피고 가르치고 이끌어주신 여러 선생님 덕분이다. 아이를 가르치는 직업은 그 장소가 학교든 학원이든, 그 대상이 공부든 피아노든 미술이든 체육이든 하늘이 내려준 숭고한 것이다. 그런 사명을 가진 분들이 있기에 우리 아이들은 미래를 밝히는 희망의 꽃으로 활짝 피어날 것이다.

때로는 **아이**가
엄마에게 **용기**를 준다

딸은 초등학교 때까지는 학급회장에 이어 전교회장까지 하는 적극적인 아이였는데 중학생이 되더니 그런 임원이며 간부가 되는 걸 크게 달가워하지 않았다. 나는 사람은 잃는 만큼 얻는 게 있으니 무엇이든 앞서 참여하는 게 낫다는 쪽이었지만 딸은 담임이나 반 아이들이 떠밀면 어쩔 수 없이 부회장 정도 마지못해 하는 쪽으로 기울었다. 대신 자기에게 주어진 시간을 자신을 가꾸는 일에 쓰고 싶어했다. 그렇다고 이기적인 아이는 아니었지만 초등학생 때처럼 무엇이든 나서서 열심히 하는 적극적인 모습이 많이 아쉽다고 느낀 적은 있었다.

고2가 되던 해 겨울이었다. 어느 날 '젊은이들에게 주는 삶의 메시지'가 담긴 어떤 책을 읽고 감동을 많이 받았다고 떠들더니 3월 학기 초 회장선거를 하는 날 저녁 딸이 말했다.

"엄마, 나 적극적으로 무엇이든 이끌어가는 삶을 살기로 마음 바꿨어요. 오늘 학급회장 선거가 있었는데 짝에게 회장선거에 출마할 거라 했더니 자기가 추천해준다는 거 있죠. 그래서 고맙지만 괜찮다고 말했어요. 그리고 담임선생님이 후보를 추천하라고 하실 때 제가 손을 번쩍 들고 말했어요. '저는 저 자신을 추천합니다!' 하고요."

비록 남자친구에게 회장을 내어주고 학급 부회장이 되었지만 딸의 말은 나에게도 커다란 생각거리를 주었다. 그 무렵 아들이 다니는 학교에서 자모회장 선거를 하게 되었다. 그전 해 일곱 식구 대가족에다 내 일까지 있는데도 누군가 나를 추천하기에 중2 엄마이면서도 일년간 자모회장으로 학교일을 보조했으니 올해는 어떤 일이 있어도 안 할 거라고 각오하던 터였다.

그런데 딸이 나를 안에서부터 변화시켰다. 시간도 노력도 적지 않게 투자해야 하는, 결코 쉽지 않은 자모회일, 특히 회장일은 누구나 하기 싫어할 것을 뻔히 알고 있어서 난 기분 좋게 나를 자천하며 말했다.

"부족하지만 작년의 경험을 바탕으로 열심히 해볼 테니 많이 도와주세요."

이왕 할 수밖에 없는 거 어쩔 수 없이 마지못해 한다는 인상을 주기가 싫었다. 거기에 능력도 없는 내게 교장선생님이 여러 번 부탁하셔서 운영위원직까지 맡게 되어 그 해는 전해보다 학교에 머무는 시간이 더 많아졌다. 아침부터 밤늦게까지 정신없이 살아가는 일상이 가끔 힘들다 여겨질 때도 있다. 하지만 내가 어딘가에 필요하다는 건 아직 나에게 건강과 젊음이 남아 있다는 뜻이므로 고맙게 생각하고 주어진 일을 열심히 하기로 마음을 바꿨다.

학생들이 하교하는 오후부터 나도 같이 바빠지는 직업이라 낮 시간은 비교적 시간이 있는데 그중 적지 않은 시간을 학교에서 보냈다. 나이도 웬만큼 먹었으니 조용히 사무실에 무게잡고 앉아 있어 보려 해도 헤집고 돌아다니기 좋아하다 보니 나는 늘 나를 가만히 앉아 있게 내버려두질 않는다. 앞으로도 오라는 데 군말 않고 쫓아다닐 테니 눈가의 주름살 한 줄 늘어날 때마다 마음의 넓이나 같이 자라 사람 향기 폴폴 나서 함께 있고 싶어지는 친구로 성숙하기만을 간절히 바란다.

엄마를 부끄럽게 만든
아이의 **자서전**

딸이 중1 때였다. 학교에서 돌아온 딸이 조잘댔다.

"엄마, 오늘 국어시간에 자서전 181쪽의 내용을 적는 게 있었는데요. 내 글을 선생님께서 칭찬해주시고 친구들에게도 읽어주셨어요."

250쪽 정도의 자서전에서 181쪽에 해당하는 내용을 상상해 적는 거였단다. 181쪽이라면 한 사람의 인생에서 절반을 지난 시기로 직업적으로도 어느 정도 자리를 차지하는 나이쯤 되니 아마 선생님은 아이들이 무얼 자신의 꿈으로 갖고 있는지 알고 싶었나 보다.

나는 딸이 무슨 일을 하고 싶을까 궁금해서 다급하게 물었다.

"그래, 넌 뭐라 썼니? 아나운서가 되어 방송하고 온 느낌을 썼니?"

딸은 싱긋 웃으며 이렇게 말했다.

"엄마, 전 이렇게 썼어요. 오늘은 우리 할아버지의 백 번째 생신이시다. 아침부터 나는 근사한 선물을 안고 남편과 친정에 갔다. 할아버지는 백 살이나 되셨다는 느낌이 전혀 들지 않을 정도로 아직도 젊고 건강하시다. 할아버지 곁에는 아직도 젊은 97세의 할머니가 손을 꼭 잡고 할아버지의 백 번째 생신을 축하하며 웃고 계신다. 그리고 그 옆에는 칠십 가까운 연세라고는 믿기 어려운 내 아버지, 어머니가 새신랑, 새색시 같은 화사한 미소를 지으며 웃고 계셨다……."

순간 나는 부끄러웠다.

아이의 창의력과 보이지 않는 효심이 고작 화려한 커리어우먼이 되어 활발하게 활동하는 딸의 모습이나 상상하는 나를 비웃는 듯했기 때문이다.

가끔 부모님께 딸이 쓴 자서전 181쪽이 실화가 될 수 있도록 오래 사셔야 한다고 말씀 드리곤 하는데 그럴 때마다 말씀으로는 "어휴, 말도 안된다. 사람은 갈 때가 되면 가야 한다" 하시지만 얼굴 가득 흐뭇한 미소를 띠우신다.

두 분이 좋아서 시골에 가 계시는 동안에도 강제로라도 모셔오자고 들들 볶는(?) 착한 딸을 보며 맏며느리로서의 본분을 잊고 편하게 생각했던 걸 많이 반성했다.

딸의 자서전에 '내 엄마는 고약한 맏며느리였다'라고 기록되지 않기 위해서라도 부모님께 잘해야겠다는 마음을 먹게 되니 세상에서 제일 무서운 건 하나에서 열까지 날 보이지 않게 감시(?)하는 듯한, 바로 내 옆에서 자라는 내 아이들임이 틀림없다.

거짓말 못해
점수를 잃은 아이

내신 비중이 점점 높아지면서 부모가 선생님을 도와 시험 감독을 보조하는 학교가 많아졌다. 아들이 중학교에 다닐 때였다. 시험 감독을 하러 가서 아이들 시험 치는 모습을 지켜보는데 아이들의 표정과 모습이 남의 집 아이들 같지 않고 내 아이처럼 느껴졌다.

한 문제라도 더 맞히겠다고 애쓰는 모습에서 자식들 잘 키우겠다고 학교 보내놓고 오늘도 열심히 살아가는, 내 또래 엄마·아빠들의 얼굴이 떠올랐다. 1점이라도 더 맞아 보겠다고 고개를 갸웃거리는 그들을 바라보고 있으니 문득 딸이 중3 2학기 기말고사를 치르던 날이 떠올라 웃음이 나왔다. 중학교 3학년을 마치는 졸업고사 영어의 마지막 문제는 "What do you want to be in the future?"였다. 선생님은 이제 중학교를 졸업하는 아이들의 장래 꿈이 뭔지 궁금하셨을 수도 있고 졸업하는 마당에 3점짜리 하나 정도 보너스로 주실 생각도 있었을 것이다.

딸의 꿈은 자주 바뀌었다. 아주 어렸을 때 딸은 자상한 유치원 선생님에게 반해 선생님이 된다고 했다. 그러다 할아버지, 할머니가 치아 때문에 고생하시고 그 치료비가 만만치 않자 주변 사람들이 반강제로 치과의사가 되라고 하자 별 마음도 없으면서 그래 보겠다고 했다. 10년이 넘게 쳐온 피아노가 좋아서 한때는 피아니스트가 꿈이기도 했다. 노래방 기계에서 "혹시 가수해보실 생각은?"이라는 말이 나오자 가수나 할까 궁리하기도 했다. 긴 머리를 앞으로 늘어뜨리고 잘 나가는 가수들의 춤을 흉내 낼 때는 쟤가 혹시 댄서가 되려나 했다. 그러다 중3이 되자 어느 선생님이 "넌 발음이 정확하고 이야기를 또박또박 잘하니 이다음에 아나운서 하면 참 좋겠다" 하시는 말씀을 듣고 그날 인터넷으로 검색해보더니 마음에 든다고 아나운서를 꿈으로 갖고 있던 중이었다.

그러니까 그 시험을 치르던 날 딸이 가지고 있던 꿈은 아나운서였다. 딸은 '아나운서'라고 답을 적으려는데 순간 막 혼돈이 왔단다. 아나운서 스펠링이 announcer인지 anouncer인지, 즉 n이 하나인지 둘인지 순간 헷갈리더란다. 일단 가수든 선생이든 피아니스트든 아는 거 하나 적을까 생각도 했지만 제 꿈이 분명 아나운서인데 다른 걸

적을 수는 없어서 n을 하나 덜 적는 바람에 결국 그 문제를 틀리고 말 았단다.

시험 잘 치르고 오기를 조마조마하게 기다리던 나에게 딸은 그 바보 같은(?) 사연을 털어놓았다. 나는 "아이고 멍청한 것, 어찌 넌 이 엄마의 가장 큰 핸디캡을 그리도 빼닮았냐. 융통성 하고는, 쯔쯧. 일단 아무 거나 아는 거 쓰고 보지. 그걸……못 말린다" 하며 나무랐다.

수행평가 실기점수 1점을 더 얻기 위해 비 오는 날 새벽 우산 쓰고 운동장에 가 농구공을 넣던 아이, 밤을 새우며 미술작품을 만들던 아이, 그 아이에게 3점이라는 점수가 소중하지 않을 리 없었다. 분명 45분 내내 n을 썼다가 지우고 또 썼다가 지우고 답안지에 구멍이 날 정도로 고치고 또 고쳤을 것이다. 아이는 그 문제를 틀려 평균점수가 0.18점 내려갔다고 울먹거렸으니까. 하지만 난 속으로 흐뭇하게 웃고 있었다. 우매하리만치 올곧은 아이의 품성이 대견하여 웃고, 자식이 1점이라도 더 받기 위해 치맛바람 휘날리는 세상에 겉으로만 나무라고 속으론 정직함을 어여쁘다 생각하는 철없는 내가 한심해서 또 웃었다.

편법으로
이기고 싶진 않아요

딸이 중3이던 봄 어느 날 학교에서 돌아와 나에게 투덜대며 말했다.

"엄마, 나 진짜 화나. 있잖아요, 글쎄 지난번 미술시간에 정물화를 그리는데 선생님이 내 그림 들고 친구들 앞에서 엄청 칭찬해주셨거든요. 근데 그림을 완성하지 못해서 집에 가지고 가서 마저 그려오라고 하셨는데 오늘 아이들이 갖고 온 그림을 보니 완전히 딴 걸로 둔갑해 있더라고요. 미술학원 가서 다시 그려왔대요. 내 그림이 상대적으로 별로가 되고. 친구들이 수행점수를 오히려 나보다 더 많이……. ○○이까지……."

○○이란 딸과 경쟁관계에 있는 남자친구인데 학교에서 그리던

그림이 아니라서 "너 이거 네가 안 그렸지?" 하고 살짝 물었더니 그 아이는 미안한지 "헤헤, 봐줘. 내가 그림을 너무 못 그려서 미술학원에 부탁했어. 봐줘라, 응?" 하더란다. "알았어. 근데 이번만 봐준다, 알았지?" 하고 귓속말을 살짝 해주고 왔지만 이건 너무 불공정하다며 속상하다고 했다.

수행점수 비중이 적지 않은 예체능 과목에서 아이들 성적관리가 이렇게 투명하지 않다니 나도 기분이 썩 좋지 않았다. 화난 아이 마음을 달래줄 생각에 어쩌나 보려고 슬쩍 말을 꺼냈다.

"너도 이제 집에서 그림 그려오라 하면 민경이 언니 와서 도와달라 할까?"

민경이는 딸도, 나도 잘 아는 미대 다니는 아이였다. 그러자 딸은 고개를 살래살래 흔들며 "아니에요 엄마. 불공정한 것이 속상하다는 거지 그렇게 하고 싶다는 뜻은 아니에요. 자기가 그리지 않고 남이 그린 그림으로 점수를 얻는 건 점수 도둑이라고 생각해요. 그런 점수 나는 필요 없어요. 실기에서 상대적으로 조금 적게 얻은 점수, 필기에서 다 맞아 만회하면 돼요"라고 해 아이는 나의 엉성하고 비도덕적인 해결방안을 무색하게 만들었다.

여름방학이 지나 2학기가 된 어느 날 학교에서 돌아온 딸은 신나서 말했다.

"엄마, 엄마. 야호! 제대로 된 선생님이 오셨어요. 미술 선생님이 전근 가시고 새로운 선생님이 오셨는데 글쎄 도화지 뒤에 전부 선생님 도장을 찍어서 내주시고 다 못 그린 그림은 선생님이 보관하셨다가 다음 시간에 다시 나눠주시겠다는 거예요. 우와, 그게 바로 제대로 된 평가 아니에요? 신난다!"

중간고사와 기말고사를 치르는 기간이면 수험생인 딸은 지치지만 아빠와 엄마는 자식을 키우는 사람만이 맛볼 수 있는 행복감에 듬뿍 취했다. 자신의 경쟁상대는 자신이며 목표는 늘 올백. 평균 100점인 아이. 전 과목에서 한 개를 틀려 평균 99.7점의 기록을 세운 어느 중간고사 기간에도 나와 남편은 하루하루 딸이 가져다주는 행복한 결과로 몸속에서 빠져가고 있던 기운을 엔돌핀으로 다시 충전할 수 있었다.

딸이 나에게 주는 점수의 높이나 크기만이 나를 기쁘게 해준 것은 아니다. 거짓과 요행의 티 하나 없이 정직한 땀과 노력, 인내…… 그걸 나는 사랑했다. 딸이 한 과목 한 과목 시험을 치르면 폐지를 모아놓는 곳에는 교과서 귀퉁이 한구석도 놓치지 않고 분석, 암기한 엄청난 분량의 연습장이 쌓였다. 딸은 시험점수를 요령껏 잘 받기 위해 기교를 부리지 않았다. 처음부터 끝까지 꼼꼼하게 쓰고 읽고 암기하고 문제 풀고……. 정석으로 공부했다. 그런 정직하고 깨끗한 노력을 통해 얻어낸 점수여서, 더욱 기특하고 고마운 것이다. 요령과 타협보다 정석과 정직이 꽃피는 세상에서 딸이 원하는 모습으로 활짝 피어날 수 있으면 좋겠다.

커닝과 정약용

어느 날이었다. 딸과 둘이서 바람을 쐬러 한강공원에 나갔다. 대화가 정직과 거짓에 관한 걸로 이어지다가 커닝 얘기로 넘어갔다.

"난 대학 졸업할 때까지 커닝을 한 번도 안 해봤어. 그건 점수 도둑이라는 생각이 들어서 대학 때 무감독 시험을 치를 때조차 보고 써본 적이 없단다."

"엄마, 나 사실 고백할 거 있어요. 아주 옛날이야기. 엄마에게도 말 못한."

"뭔데? 나한테 비밀도 있어?"

고개를 갸우뚱하며 물었더니 딸은 이렇게 말했다.

초등학교 3학년 때 중간고사를 치르는 날이었단다. 딸이 다닌 사립학교에서는 중간, 기말고사를 시험감독이 있는 상태에서 엄격하게 치렀다.

국어시험 시간이었다. 10분 만에 모든 문제를 풀었는데 주관식 한 문제가 갑자기 생각이 안 나더란다. 답은 정약용인데 그 이름이 그렇게 생각이 안 나 끙끙대고 있는데 옆 친구가 시험지를 앞으로 조금 밀더란다. 그래서 얼핏 보고는 깜빡 잊었던 이름이 생각나 그 이름을 적고는 20분도 더 남은 시간 동안 고민에 빠졌단다.

지울까 말까. 그러다 시험 끝을 알리는 종소리와 함께 얻어(?) 적은 그 답을 지우고 시험지를 냈다고 한다. 일단 처음에 적었다는 사실로 엄마에게 죄송하고 부끄러워 아직 말을 못하고 있었다고, 그리고 마음의 유혹을 물리치고 지웠다는 사실을 지금도 가슴 떳떳이 갖고 있다고, 가슴에 부끄러운 이력을 갖고 있지 않아서 정말 다행이라고 했다.

가끔 아이는 융통성 없는 것까지 철저히 엄마를 닮아 답답하게 만들기도 하지만 수단과 방법을 가리지 않고 목적을 이루기 위해 두 눈에 불을 켜고 덤비는 인간 군상들과는 멀리 떨어져서 자기 소신껏 바르게 살아가는 모습을 보여주어 같은 시대를 사는 사람으로서 참 배울 점이 많다고 느낀다.

누구의 간섭도 없이 스스로 철저히 계획하고 실천하는 아이. 동생 때문에 걱정 많이 하는 나를 보며 오히려 나를 위로해주는 어린 어른이다.

"걱정 마세요, 엄마. 쟤 특별히 문제아 아니고 그냥 보통의 중학생, 아니 아주 양호하지만 공부를 좀 싫어하는 철 좀 덜든 애일 뿐이에요. 나쁜 짓 하는 건 없잖아요. 걱정 마세요. 엄마 아들이고 내 동생인데 잘못되겠어요. 믿고 기다려 보세요. 파이팅!"

딸을 키우면서 여러 순간 이다음에 내가 글쓰는 실력이 좀 생기면 "내가 알고 있는 예쁜 사람이 있는데 이렇게 생각하고 이렇게 행동하더라고요. 제가 아주 가까이서 잘 지켜보았거든요……"라는 책 한 권 써서 선물해주고 싶은 마음이 들었었다. 그리고 혹시 그런 날이 오면 책 앞에 그 예쁜 아이의 엄마는 저예요라고 쓸 때 부끄럽지 않도록 열심히 살아야 한다고 마음먹곤 했는데 그렇게 꿈꾸던 날이 막상 다가오니 황송할 따름이다.

내 아이만큼
다른 아이들도 귀하다

딸아이가 초등학교 1학년을 마칠 무렵이었다. 학급문집을 만들 예정이니 아이가 쓴 일기 두 편과 동시 한 편 그리고 엄마가 아이에게 보내는 편지 한 통을 보내달라는 내용을 알림장에 적어왔다.

아이 글을 다 챙기고 난 뒤 아이에게 쓰는 편지에 무슨 말을 쓸까 한참 생각했다.

종이와 연필을 앞에 두고 앉으니 내 첫아이와 같은 반이 된 인연으로 예사롭지 않게 보이던 딸의 반 아이들이 눈에 어른거렸다. 한 달에 한 번꼴로 급식보조 목적으로 학교에 가는 바람에 얼굴이 다 익은 아이들이었다. 담임은 엄마로서 아이에게 쓰는 편지를 주문했지만 이 문집은 모든 반 아이들이 다 볼, 평생을 간직할 수도 있는 책이므로

221

차마 내 아이 이름만을 부를 수는 없었다.

내 사랑스러운 딸이 초등학교 첫해에 만난 정말 소중한 인연인 그들에게 친구 엄마로서 또 인생 선배로서 좋은 이야기 한두 마디쯤 전하고 싶어 이렇게 글을 시작했다.

사랑하는 딸과 병아리같이 귀엽고 다정한 1학년 2반 친구들에게. 두 사람이 길을 가고 있었단다. 날이 저물어 잠을 자게 되었는데 꿈에 신령님이 나타나 두 사람에게 말했어. 조금 가다 보면 무언가 나올 거니 원하는 만큼 그걸 갖고 가라고.

다음날 두 사람은 길을 가다 커다란 돌멩이가 산더미처럼 쌓여 있는 걸 발견했지. 한 사람은 무거울 거라며 양손에 자그마한 돌멩이 두 개를 들고 길을 갔어. 또 한 사람은 어딘가에 쓰일지도 모른다는 생각으로 두 손, 주머니, 가방에 여러 개의 돌을 넣고 끙끙거리며 길을 갔지.

다음날 두 사람이 자고 일어나니 그 돌들은 모두 황금덩이로 변해 있었어. 돌멩이를 두 개만 들고 길을 간 사람에게는 두 개만큼의 황금이, 돌을 많이 들고 간 사람에게는 그만큼의 황금이 주어졌단다.

너희가 몸보다 더 큰 가방을 메고 끙끙대며 학교 가는 모습을 지켜볼 때면 마음이 아프기도 했지만 그 무게만큼 많은 것이 주어질 거라 믿었다. 결코 쉽지 않은 새로운 세계에 잘 적응해 일학년을 마치는 너희들이 정말 대견하구나.

너희는 초등학교 첫해에 만나 소중한 인연을 맺은 친구들이다. 힘들고 어려운 일이 있을 때 서로 도와주는 좋은 친구들이 되자.

종업식 날 아이와 엄마의 글로 예쁘장하게 만든 학급문집을 읽고 나는 놀라지 않을 수 없었다. 1번부터 38번까지 약속이나 한 듯이 사랑하는 ○○야, 네가 태어난 지가 엊그제 같은데로 시작하여 자기 딸, 아들만 열심히 애타게 부르다 끝나는 글만 실려 있었다. 아이들의 이름을 함께 불러준 사람은 나 하나뿐이었다.

나는 내 아이와 함께 살아가는 이웃의 아이들이 바르게 자라야 내 아이도 좋은 사람으로 자라날 수 있다고 믿는다. 그래서 늘 내 아이에게로만 향하려는 시선을 경계하고 좀더 많은 아이들을 포용하려고 노력했다.

우리의 미래인 아이들이 함께 잘 어울려 서로 도우며 자라기를 바라기에 내 아이만 챙기는 이기심에서 벗어나 주변을 향해 마음을 여는 배려가 필요하다고 생각한다.

시험기간에 더 **바쁜** 딸의 **휴대전화**

아들이 중3이던 해 중간고사 기간에 나는 아들의 휴대전화를 압수했다. 가뜩이나 집중력 없는 뺀질이가 휴대전화를 시험에 도움이 되는 어떤 용도로 쓸 일이란 없을 것 같아 시험기간만이라도 통제하기로 한 것이다. 저도 제 관행을 인정하는지 저항 없이 순순히 내주었다.

딸도 휴대전화를 갖고 있는데 시험기간이 되면 평소보다 더 자주 메시지를 찍어댔다. 딸에게도 휴대전화는 역시 공부에 도움을 주는 기계는 아닌데 차마 달라고 할 수가 없었다. 딸의 기계는 딸 친구들에게 도움을 주는 소중한 매체였기 때문이다. 시험범위 묻는 것부터 내용 모르는 것까지 딸은 친구들의 가정교사였다. 학원과외 받지 않고 혼자 독하게 공부하는 아이라서 교과서 구석구석, 노트 구석구석 꿰고 있으니 모르는 문제는 딸에게 물어보면 모두 해결된다고 생각하는 모양이었다.

"몇 쪽 몇째 줄 읽어봐. 그건 이렇고 이렇고……."

문자를 주고받으며 시간 빼앗기는 모습을 지켜보고 있으려니 엄마의 이기적인 마음에 속으로 애가 타면서도 애써 태연한 척했지만 마음은 편치 않았다.

지난 학기 기말고사 때에는 퇴근해 들어오니 딸이 방에서 친구랑 나와 인사를 했다. 방에는 막내가 책 읽기하는 이동용 접이 탁자가 펴져 있고 수학책이 펼쳐져 있었다. 기말고사 중이고 내일이 수학시험을 치르는 날인데 친구가 문제를 풀다가 모르는 게 너무 많아 아예 우리 집으로 찾아왔단다.

나는 친구가 가고 나서 딸에게 말했다.

"시험기간 전에 모르는 친구를 가르쳐주는 건 이해할 수 있어. 그러나 시험기간 중에 다른 친구에게 일대일 지도를 하는 건 옳지 않다고 생각해. 아무리 자신 있는 과목이라 하더라도 최선을 다해 그 시험을 준비해야 하는 건 수험생으로서 기본 자세이고 선생님에 대한 예의야. 앞으로 그런 일이 있으면 미안하다고 말하고 시험기간 중에는 나도 시험을 치러야 하니 시험공부를 해야 한다고 말하렴. 모르는 게 있으면 시험 전에 묻게 하고, 알았지?"

"죄송해요 엄마. 갑자기 찾아와서 얼마나 답답했기에 왔을까만 생각했고 또 다음날 치는 수학시험은 공부 안 해도 될 만큼 자신 있는 과목이고 해서 엄마 오시기 전에 빨리 가르쳐주고 보내려고 했는데 ……. 앞으론 그러지 않을게요."

아무 죄도 없이 착하다는 이유로 엄마에게 한소리 들은 딸은 "네 공부도 제대로 못하면서 애들 불러 가르치냐, 앙!" 하는 소리를 들을까 겁나서인지 남은 시험을 더 열심히 잘 쳐서 전교 1등을 했다.

시험 마지막 날 아침. 그날은 영어시험을 치는데 평소 공부하는 기본과목이어서인지 여유로워 보였다. 시험보기 1시간쯤 전에 집을 나서면서 딸은 웃으며 말했다.

"엄마, 애들 문자가 빗발쳐요. 빨리 오라고. 물어볼 거 있대요. 히히, 신난다. 난 인기가 많다니까요. 마지막 홈런치고 올게요."

그러니 딸의 휴대전화는 뺏을 수가 없다. 스스로 공부해보려는 친구들이 도움을 요청할 어여쁜 통로인데 내 아이만 생각해서 무참히 그 통로를 차단할 정도로 무자비한 어른은 아니기 때문이다.

친구 복이 많은 아이

딸은 나를 닮아 옳지 않다고 생각하는 일에 응하는 데 약하다. 그런데 냉정하지 못하고 마음 약해서 다른 사람 면전에서 모진 소리 못하는 것도 꼭 닮았다. 옳지는 않은데 모진 소리는 못하니 그런 자신이 맘에 안 들어 스스로 학대하면서 아까운 시간을 보내기도 하는 어리석은 면까지 모전여전이었다.

"나는 다만 내가 하기 싫은 일을 하지 않을 뿐이다"라는 어느 정신과 의사가 쓴 에세이를 읽으며 남들이야 어쨌든 내가 하기 싫은 일은 딱 잘라 거절하는 능력을 키워보려고 밑줄 그어가며 읽은들 무슨 소용 있으랴. 돌아서면 천성이 눈치 없이 톡 튀어나오는 것을.

시험기간이면 딸의 교과서며 노트는 대기번호를 붙여가며 돌아다

닌다. 선생님 기침소리까지 놓치지 않고 적었다는 평이 돌 정도로 수업내용을 완벽하게 담아낸 노트와 책은 반 친구들의 최상의 수험서였다. 딸은 별로 아까워하지 않고 잘 빌려주었다.

고3 중간고사 시험이 며칠 남지 않은 어느 일요일, 딸은 잔뜩 찡그린 얼굴로 말했다.

"엄마, 나 마음에 내키지 않는 일이 있어 공부에 집중이 안 될 정도예요."

이유를 물으니 어떤 친구가 노트를 빌려달라고 했는데 빌려주기가 싫다는 거였다.

평소의 딸답지 않아서 의외라 여기며 이유를 물으니 열심히 뭘 해보려는 친구는 빌려주어도 아깝지 않은데 그 친구는 수업시간에도 동참하지 않고 반 친구들에게 협조적이지도 않을뿐더러 성격조차 그리 좋지 않다는 거였다. 그래서 빌려주기 싫은데 거절을 못해서 그냥 잊고 안 가져왔다고 둘러대기만 했다는 것이다.

내 나이쯤 되면 세상의 모든 것이 열심히 노력하는 사람 순서대로 분배되는 것이 아니라는 것쯤 알 텐데도 나는 아직도 어리석게 노력하는 순서대로 복이 나누어지는 세상을 꿈꾼다. 그 질서를 딸도 꿈꾸고 있었나 보다.

자기는 아무 노력도 하지 않으면서 열심히 한눈 안 팔고 정리해놓은 친구의 노력을 거저 얻으려는 사람에게는 달콤한 점수가 돌아가게 해서는 안 된다는 생각이 들었나 보다. 그래서 거절하고 싶은데 천성적으로 모질지 못해 표현도 못하고 끙끙댄 것 같았다.

나는 시험기간인데 딸을 그 고민에서 빨리 구제해주어야겠다 싶어서 이렇게 말해주었다.

"너를 위해서 쓸데없는 고민을 버리는 게 좋아. 나도 그런 경우가 있는데 그때 나는 이렇게 생각한단다. '사람마다 나름대로 복을 갖고 태어나는데 너는 참 친구 복이 많구나. 네 행동으로 보면 내가 너에게 그렇게 잘 대해주어서는 안 되는데 너는 사람 운, 나를 친구로 둔 그 복을 갖고 태어났어. 그 점을 축하한다. 나는 네가 내 노트를 받을 자격이 없다고 생각하는데도 빌려준다. 네 친구라는 운명으로.' 그러면서 아무 생각 없이 빌려준다.

엄마의 가까운 지인이 가끔 엄마에게 누를 끼칠 때도 있는데 그럴 때 나는 엄마를 지인으로 둔 그녀의 복이다라고 생각한단다. 어찌 보면 모질 자신이 없어 베풀어주는 나 자신의 행동에 대한 합리화인지도 모르지만 말야. 하지만 딸아, 베푸는 건 행복한 일이고 복받을 일이야. 누가 꼭 알아주지 않아도 말이야."

다음날 아침 학교에 가면서 딸은 밝게 웃었다.

"엄마, 저 그 노트 들고 가요. 엄마 말씀 듣고 마음 정했어요. 베풀자! 필기 기차게 잘하는 나를 친구로 둔 그 친구의 복을 막지 말자로 결론내렸어요."

나는 딸에게 결정을 잘했다고 칭찬해주었다. 파괴적인 결론보다 평화로운 결론을 내리는 게 여러 사람에게 좋다. 받는 사람에게도 주는 사람에게도 좋은 기를 주는 결론이니까 말이다.

서둘러 등교하는 딸에게는 말 못했다가 시험이 끝나고 나서 딸에게 말해주었다. 앞으로 친구들이 공책 빌려달라고 하면 즐겁게 공책만 빌려주는 친구로만 있지 말고 "너희도 수업 중에 놀지 말고 필기 좀 잘해라, 알았지?" 하면서 농담처럼 말해주는 친구가 되라고. 좋은 친구는 주기만 하는 게 아니라 스스로 잘할 수 있게 격려도 아끼지 않아야 한다고.

집에서는 두 동생의 맏언니로, 학교에서는 성실한 친구로 주변 모두 살펴가면서도 제 역할을 잘하는 딸이 예쁘고 기특하다. 딸아, 그렇게 사람 냄새 잃지 않고 네가 있음으로써 네 주변이 환해질 수 있는 그런 사람으로 잘 자라라.

행운의 **팔광 양말**

고3을 앞둔 겨울이었다. 딸이 잠시 문구점까지 태워줄 시간이 되느냐고 물었다. 다음날 친구 생일이어서 선물을 사러 가야 하는데 엄마 도움을 빌리면 시간을 절약할 수 있을 것 같다는 거였다.

나도 하루를 빠듯하게 쪼개 쓰는 형편이라 여유가 없었지만 예비 고3인 딸의 기분을 맞춰주어야 한다는 생각에 딸이 공부하던 독서실로 향했다.

딸을 태우고 가면서 누구 생일이냐고 물으니 나도 잘 아는, 얼마 전 아버지 사업이 실패하는 바람에 갑자기 가정형편이 어려워진 친구 생일인데 지갑이 낡아보여 지갑을 하나 사줄 거라고 했다.

평소엔 10분 정도면 도착하는데 차가 막혀 움직이지 않자 나는 친구 선물 사는 데 보내는 시간만을 모아도 적지 않을 거란 생각에 이 시간이 무척 아깝다는 생각이 들었다.

그러면서 며칠 전 딸이 나에게 해준 말이 떠올랐다. 친구 생일 선물로 작은 선물 하나와 편지를 써서 주었는데 친구가 전화를 하면서 울었다는 것이다.

난 며칠 전 감동한 그 친구 이야기를 꺼내면서 고3 동안엔 친구 생일 선물 마련하는 데 들이는 시간을 최소화하고 친구들과의 아기자기한 우정도 일 년만 뒤로 미루면 어떻겠느냐고 제안했다.

즉 선물을 도서상품권으로 하면 받는 친구도 사고 싶은 책이나 문구류를 살 수 있으니 좋고 주는 사람도 이것저것 물건 고르느라 시간 보내지 않아도 되니 얼마나 경제적이냐고 덧붙였다. 대신 정성이 든 짤막한 축하엽서는 빠뜨리지 말라고 했다.

딸의 선물을 받고 감동해 눈물을 흘린 친구도 딸이 전해준 작은 물건보다는 곧고 가지런한 글씨로 다정한 마음을 담은 축하편지에 감동을 받았을 것이다.

엄마로서, 어른으로서 조언이나 충고의 말을 해주면 바로 변화를 보여서 말 한마디라도 신중히 생각해서 하게 만드는 딸은 차를 돌려 달라고 했다. 그리고 퇴근하는 길에 도서상품권 5천 원권 두 장만 사 달라고 부탁했다. 그러고는 다시 독서실로 올라갔고 나는 딸 부탁대로 도서상품권 두 장을 사서 딸에게 갖다주었다.

다음날 딸은 밝게 웃으며 말했다.

"엄마 말씀이 옳았어요. 도서상품권을 주니까 친구가 무척 좋아했어요. 꼭 사고 싶은 책이 있었는데 정말 고맙다고요. 근데 엄마, 그래도 왠지 그것만 주기 그래서 내가 요 앞 가게에서 양말을 한 켤레 샀거든요. 히히, 근데 말예요. 발등에 팔광 그림이 그려진 양말이에요. 편지에다는 '할아버지의 고스톱 파트너가 되어 고스톱을 칠 때 팔광만 들어오면 꼭 할아버지를 이겼어. 참 재수 좋은 화투패가 팔광이니까 이 양말 수능시험 치러갈 때 꼭 신고 가라'고 썼어요. 친구가 자기는 원래 무늬 있는 양말은 안 신는데 이 양말은 왠지 행운을 가져다줄 것 같다며 수능날 꼭 신고 갈 거라고 좋아했어요. 나 잘했죠?"

꼭 안아주고 싶을 만큼 딸이 예뻤다. 받을 사람이 기뻐할 일을 상상하면서 물건을 고르고 포장하고 카드 적고 그러면서 주는 사람의 정성과 마음이 보태지는 게 진정한 의미의 선물일 텐데 바쁜 고3이니 선물 고르는 데 쓸 시간을 절약하라고 조언했던 내가 너무 타산적인 것 같아 미안한 마음도 적지 않았다.

그랬는데 문방구에서 문구류 옆에 죽 늘어놓고 파는 패션 양말 가운데 하나를 골라 상대방에게 힘이 될 문구까지 적어 함께 건넸다니 따뜻하고 센스 있는 딸이 기특하고 또 기특했다.

팔광 양말을 받은 그 친구는 그 양말 덕분인지 원하는 대학에 잘 들어갔다.

세상을 향해 날아가는 새

그동안 많은 엄마들에게 사랑을 받아온 꿀맛교육의 개정판을 내게 되어 감회가 새롭습니다.이 책을 쓸 때의 마음이 생각납니다. 세상의 모든 엄마들이 아이를 키우며 엄마여서 행복하다고 느꼈으면 좋겠다고 생각하였습니다. 그 간절한 바람을 많은 엄마들이 호응해 주었고 더 많은 엄마들과 함께 하고자 새롭게 다듬게 되어 기쁜 마음입니다.

어린 자녀를 둔 엄마들에게 교육상담을 할 때였습니다. 많은 엄마들이 각자의 방식으로 자녀를 기르고 있었습니다. 알고 있는 이론은 많은데 실천하지 못하는 엄마들도 있었고 마음은 있으나 방법을 몰라 안타까워하는 엄마들도 있었습니다. 그러나 그들이 가지고 있는 소망은 한결 같았습니다. 누구나 내 아이가 영리하고 바르고 지혜롭게 자라기를 바라는 마음이니까요. 그 바람을 좇느라 엄마들은 분주했습니다. 각양각색의 이름을 붙인 교육기관에 아이들을 데리고 다녔고 요일을 정해 각 과목의 방문교사들을 집으로 불러들였습니다. 엄마보다는 전문가가 더 나을 거라 생각하는 것 같았습니다. 그러나 그것은 잘못된 생각입니다. 아이들에게 가장 좋은 선생님은 엄마인데 너무 어린 시기에 엄마가 아닌 선생님을 따로 갖게 되면 공부는

엄마가 아닌 다른 사람과 함께 하는 거라는 생각을 갖게 하고 이것은 엄마와의 애착관계형성에 저해요인이 될 수 있습니다. 어린 아이 교육을 전문가에게만 맡기려하는 극성도 지나치지만 아직 어린 아이인데 벌써부터 공부를 시키느냐고 말하는 엄마들은 더 문제입니다. 태어날 때부터 세상을 알고 싶어 하는 아이들에게 공부는 세상을 알아가는 즐거운 통로이기 때문입니다. 공부를 지겨운 학습이 아닌 재미있는 놀이로 알게 하면 아이는 평생의 재산인 지능계발은 물론이고 무엇이든지 스스로 공부할 수 있는 든든한 학습의 기초를 다질 수 있습니다. 준비가 되지 않아 부족한 채 따라가야 하는 건 스트레스지만 앞질러 의무감 없이 알아가는 건 즐거움입니다. 그러므로 아이가 받아들일 수만 있다면 무엇이든지 미리 즐겁게 시도해 보는 것이 좋습니다. 다만 놀이 속에 학습의 의도를 숨겨 아이가 딱딱한 공부로가 아니라 재미있는 놀이로 여길 수 있게 방법을 연구하는 것이 엄마의 몫이 되겠지요. 본문에 소개한 몇 가지 방법을 응용하여 배우는 것은 정말 재미있으며 엄마는 재미있는 '꿀맛선생님'이라는 생각을 아이들이 갖게 하시기를 바랍니다. 어린 시기의 교육이 얼마나 중요한지를 직접 경험하게 된 것은 중고등학생을 가르치는 학원 강사일과 부족한 아이들을 가르치는 개인교습을 할 때였습니다.

아무리 가르치려고 애를 써도 좀처럼 성적향상이 되지 않은 경우 그 원인을 분석해보았는데 취학 전의 기초학습과 초등 저학년 때의 그릇된 학습습관에 문제가 있음을 알았습니다. 중요한 어린 시기에 여러 가지 이유를 핑계로 시간이 지나면 잘 되겠지 라는 막연한 생각을 갖고 교육에 신경을 쓰지 않으면 훗날 그 무관심의 대가를 아이도 엄마도 톡톡히 치르게 됩니다. 어린 시기의 든든한 기초학습은 평생의 재산이 되어주므로 엄마들은 의무감을 느끼고 살펴주어야 합니다. 교육은 아이들에게는 권리인 동시에 엄마들에게는 신성한 의무이고 우리 모두에게는 희망입니다. 저는 바람직한 미래교육을 위해서는 공교육이 바로서야 한다고 누구보다 강하게 믿고 있습니다. 학부모와 학생은 학교와 선생님을 신뢰하고 학교는 공부를 할 수 있는 여건을 만들어주고 선생님은 미래의 꿈나무들을 기른다는 사명감을 가져 바른 교육을 위해 모두가 힘을 합해 노력하면 사교육의 도움 없이도 얼마든지 공부 잘 할 수 있다고 믿고 있습니다. 그러나 기초가 부족한 아이들을 학교교육에만 의지해 바로잡기는 어렵습니다. 시간과 장소의 제약 없이 언제든 부족한 부분을 보충할 수 있고 학습자의

수준에 맞게 골라 학습할 수 방법으로 인터넷 사이버 교육을 보조수단으로 이용하기를 권합니다. 다양한 사이버 교육 싸이트가 있지만 그 중에서도 국가차원에서 권장하는 EBS는 더할 나위 없이 좋은 교육매체입니다. 그 외에도 사이버 세상에는 너무나 훌륭한 이웃들이 있어 각종 정보를 나누고 있으며 시 도마다 사교육비 절감과 아이가 학습의 주체가 되는 바른 교육을 외치며 인터넷 교육국을 개설하고 있습니다. 서울시 교육청에서도 '꿀맛닷컴'이라는 사이트를 개발하여 운영하는데 공부하다가 모르는 문제는 질문하여 답변해주는 서비스까지 하고 있습니다. 사이버교육에 관심이 많은 저도 꿀맛닷컴의 답변교사로 활동한 적도 있었습니다. 학교교육과 EBS외 사교육은 전혀 받지 않았어도 딸은 모든 공부를 조금도 어려워하지 않았으며 내신 수능 모두 전교1등으로 본인이 원하는 대학인 고려대학교에 입학하였습니다. 대학을 다니면서도 내내 우등생이었고 졸업하여 본인이 원하는 곳에 취직을 하였습니다. 모범생인 누나와 달리 공차고 게임하는 것을 좋아하는 아들도 뒤늦게 철이 들어 마음을 잡더니 우선선발 수시 논술 전형으로 고려대학교에 입학해 딸과 아들이 모두 제후배가 되었습니다. 아들의 입학을 보면서 꿀맛교육의 효과에 대해 다시 한 번 확신하게 되었습니다. 어린 시기에 놀이를 통해 기초학습과 지능계발을 하고 독서와 일기지도를 하며 논술실력을 닦고 엄마와의 애착관계가 형성되면 언제든지 마음만 먹으면 자신이 원하는 것들을 이루는 저력이 되어 준다는 것을 알게 되었습니다. 꿀맛교육책을 쓸 때 초등 1학년 이었던 귀공이도 벌써 중학생이 되었습니다. 언니오빠를 키울 때보다 더 바빠진 엄마를 가졌어도 불평 없이 스스로 알아서 공부하는 마음 따뜻한 어린이로 잘 자라고 있습니다. 어렸을 적부터 큰 딸은 친구 같고 동생 같았습니다. 그런 딸이 20살이 되었을 때 처음으로 마음 아팠던 적이 있었습니다. 아이의 행동반경이 모두 훤히 보이고 무엇을 하든 엄마에게 보고하던 엄마 품 속 아기 새 같은 아이가 이젠 자기의 세계를 향해 날아가 버린 것 같아 마음이 울적하였습니다. 그러다 마음을 고쳐먹었습니다. '스승의 기도' 라는 시가 생각났습니다. "힘차게 나는 날개 짓을 가르치고 세상을 올곧게 보는 눈을 갖게 하고 이윽고 그들이 하늘 너머 날아가고 난 뒤 오래도록 비어있는 풍경을 바라보다 그 풍경을 지우고 다시 채우는 일로 평생을 살고 싶다"고 했던 구절이 생각났습니다. 다른 사람의 도움 없이 스스로 공부하는 방법을 익혔던 아이는 세상을 사는 지혜

238

도 깊어 당당하게 자기의 길을 걸어가고 있으니 기뻐해야 하는 건데 쓸데없이 마음 아파한 것이었음을 알았습니다. 아이들은 언젠가는 우리들의 곁을 떠나야하는 새입니다. 그들이 그들의 세상을 향해 날아갈 때 멀리 높이 비상할 수 있는 튼튼한 날개를 가질 수 있게 해주는 것이 아이를 기르는 엄마가 해야 할 일이라는 생각입니다. 아이를 낳아 기르는 일을 비유한 글로 기억나는 것이 있습니다. '우리는 각자의 방식으로 삶의 노예가 된다. 자식을 낳는다는 것은 자식이라는 감옥에 갇히는 죄수가 되는 길이며 그 감옥에서는 영원히 빠져나갈 수가 없다. 어차피 감옥에서 빠져나갈 수가 없다면 모범수가 되라' 그렇습니다. 내 아이는 죽을 때까지 내가 바라보고 누구보다 잘 되기를 바라는 마음속 평생의 연인입니다. 그 아이가 너른 세상을 향해 날아갈 때 추락하게 될 걸 염려하지 않아도 되는 튼튼한 날개를 가진 새로 키워가는 것이 우리들이 해야 할 일이라는 생각입니다. 부모님의 사랑 속에 몸도 마음도 건강하게 잘 자라 훗날 자신의 세상을 향해 높이 힘차게 비상하는 자녀들로 키워가시기를 바랍니다. 세상의 모든 엄마들이 엄마여서 행복하다 느끼시기를 간절히 바랍니다.

행복한 일등으로 키우는

10살 전 꿀맛교육

지은이 | 최연숙

1판 1쇄 발행 | 2007년 8월 10일
2판 1쇄 발행 | 2014년 2월 18일

펴낸이 | 김영곤
펴낸곳 | (주)북이십일 21세기북스
부사장 | 임병주
개발실장 | 은지영
기획편집 | 탁수진·이장건
영업사업본부장 | 이희영
영업 | 장명우·유선화
디자인 | 손성희
사진 | 박여선

등록번호 | 제10-1965호
등록일자 | 2000년 5월 6일

주소 | 경기도 파주시 회동길 201(413-120)
전화 | 031-955-2400(영업), 031-955-2444(기획) 팩스 | 031-955-2122

값 13,000원
ISBN 978-89-509-5453-6 03370